U0513712

陈文波 著

字說中國

漢字裡的生活世界

白謙慎題

上海古籍出版社

序

　　陈文波君的书稿《字说中国：汉字里的生活世界》即将在上海古籍出版社梓行，邀请我为之写一篇序。我没有跟他假装客气，也没有以事烦的借口推辞，就直接答应了，因为这是一本值得向读者推荐的好书。

　　古文字学自二十世纪七十年代后期开始，因为地下新资料的不断发现和整理，同时因为方法上科学化的不断推进而得以面目一新，日益成为显学。从事其间的人数，虽然不能与中国文学、史学这些大的学科较量，但毕竟已蔚为大国。大国巍然雄踞，外人则往往慨叹壁立万仞，不得门径而入；在城门外向欲登城楼一观的热忱学者制售假门票的黄牛贩子，却趁机钻了不少空子。这就是古文字学与其他学科之间，以及与普通读者之间关系脱节的现状。

　　最近，出版行业的有识之士提醒业内："新材料到底带来了什么助益？提供了哪些新认识？解决了学术上的什么难题？在具体的个案问题研究基础上，我们还缺少通贯的、综合性的研究；很多选题过于细碎，虽不能说毫无价值，但价值和意义确实有限，难以再提高一个层次，放在稍微宏观一些的视角下来审视，更不要提在文明史、整体史的框架下来考察它。这也就决定了出土文献的整理研究看似很热闹，但是很难出圈。"（张继海《古籍整理工作需要新思维》，中国社会科学网，2022 年 7 月 1 日）古文字和出土文献研究工作的"出圈"，不但依赖着通贯、综合性的高层次研究，其实也需要做大量面向一般阅读者的普及性工作，这两方面的工作，可以是不同的人承担的，但在我看来其实最好是由同一拨有能力的人去做。作为由纳税人供养的专业研究者，这是我们对学界、社会应当肩负起的责任。

应该承认，分析介绍文字构造理据、纠正汉字说解中俗见谬说的普及著作，目前也出版了一些，同为上海古籍出版社出版的陈炜湛先生的《古文字趣谈》，我印象中是导夫先路者。这些著作基本以纯文字学为本位，当然有其重要价值，但我总感到类似读物还很难满足读者通过汉字本身来认识中国古代社会各方面的强烈需求，只能说是古汉字普及的路径之一而已。2019 年，我在上海文艺出版社出版过一本《九个汉字里的中国》，选取九个比较典型的、与中国文化思想史密切关联的汉字为突破口，比较深入地介绍古汉字和古代历史文化的一些知识。出版后读者反响不一，就我自己的感觉而言，至少从普及的角度反思，对普通读者不够亲和、不太有可读性。古文字方面的普及著作很不容易写，高不成、低不就往往是这种书的宿命。这是我作为曾经从事过这方面工作的一个从业者的由衷感慨。

当我读到文波书稿的时候，我觉得他在普及这方面确实做得比我更花心思。全书大致具有三个方面的优长：

第一是文笔清润可读，而决不矫揉造作地故作幽默亲民状。很多从事专业研究的人，长时间受到专业的规训与熏染，很难不被学术化的文风左右，加上学术专业之外的阅读少，更加重了这种习气。有些普及工作似乎是要努力表现出一种幽默轻松感，却给人以故作讨喜状的尴尬，这种斑衣戏彩的老莱子的窘境，在本书中是没有的。这可能得益于文波平时经常从事各种写作，以及他比较广泛的兴趣与阅读范围。见识得多了，视野拓展了，手底自然容易轻快自如。2014 年，文波曾在上海锦绣文章出版社出版过一本《汉字的味道》，介绍汉字中与饮食文化相关的内容，这本书

2018 年上海文化出版社曾再版，可见他这方面写作之得心应手，很受读者欢迎。

第二是专业性的保证。文波的本科和硕士阶段受过较为严格的文字学与古文字学训练，博士阶段正从事宋代金石文化的研究，他始终没有放下对与古文字相关的前沿知识的跟踪与阅读，而且对中国历史文化又抱有热忱和同情。因而，这本书透字见人、透字见史的尝试，就没有在学术上落空。比如谈"明"字的地方，从古文字说解穿越到李白《静夜思》、苏轼《记承天寺夜游》，应合了诗仙"今人不见古时月，今月曾经照古人"的意境，给人以方块字与方块字书写的文学作品之间的通感式启迪，是极佳的中国传统文化普及法。实事求是而言，古文字的不少考证说解尚有不同看法，全书虽然择取的绝大多数都是确凿的例子，但即使是常用字总也还有未能定论的。仍拿"明"字举例，"明"字所从的"囧"，按照《说文解字》的讲法，是通透开明的窗牖，但许慎又引他的老师贾逵的讲法，说此字"读与明同"，窗户本身不应该有"明"的音，所以这是文波援用《静夜思》来说明此字如何会意的缘故。可是，王筠《说文释例》曾指出这个所谓象窗牖形的"囧"，其实就是"目"字，无论从"目""睦"等字的古文写法看，还是从战国时代东方国家"目"字写法的来源看，王说确实有一定道理。"明"字本身就有视觉、视力的意思（比如说丧明、失明，就是指眼睛瞎了），用目、月会意也是非常自然的，甚至"明"字用"囧"形来表示眼目，或许就是强调其眼睛视觉之"明"的功用（"盟"字正篆直接以"囧"为声旁，显然就是取其"明"音）。因此，"明"未必不能看成一个形声兼会意的特殊形声字，其音读与构造似乎与"望（望）"字颇有近似之处。而秦人将"明"写成"朙"，把左半视作"目"，恐非纯出于"囧"之讹省，其实也反映了此字构造的真正意图。所以，"明"字从形体上看，很可能只是"举头望山月"的动作，而并不在于描摹"床前看月光，疑是地上霜"的意境。这些都只是如何将字例与古人语言、思想解释得更加周全圆满的问题，倒并不是此书的瑕疵。

第三是图文并茂，字形准确雅观。汉语古文字非纯记音符号系统，有大量的表意成分，所以许多古代留存下来的古人生活图景，正可以与古代汉字互相印证，这是"字说中国"很重要的组成部分。因此举凡帛纸书画作品、铜器装饰图像、汉晋祠墓画像、瓦当拓片、考古线图，以及各类出土日用实物的照片，在书中大量呈现，读者也因此将获得文字之外的各种古代文物知识。这方面的资料当然不胜枚举，但是举得贴切、妥当也并不容易，看得出来作者花了相当的心思。全书的主体，即古今汉字的呈现形式，尤其值得一提。从文波撰写《汉字的味道》开始，就发挥他作为书家的特长，坚持所有引用字形皆由自己手摹，这个特色又被保留到本书当中，是很值得称赏的。手摹的古文字，比起一般的拓本、照片字形来得清晰，而且高水平的摹写，既能得原作神采，又具书家本身风致，这也是孙海波先生《甲骨文编》与容庚先生《金文编》至今为人津津称道的重要原因。一概鄙弃古文字字形摹写和古文字书法，看似很"科学"、很"现代"，其实并非正确的态度，是工具理性的浅人之见。文波对字形的体会比较深入，又有一定的书法造诣，书中临摹的各时代字形，几乎都是准确可信的。有志于练习书法的年轻学子，甚至可以把这本书当作上佳的通贯性的汉字字帖来参考。

希望文波君今后坚持将文史学术研究与学术普及并重的道路走下去，写出更多更优秀的作品回馈社会大众。

郭永秉

2022 年 7 月

目 录

卷首语

    传说中，华夏民族的文字是仓颉创造的。仓颉天生相貌奇特，像龙一样的脸庞上长着四只眼睛。他创制文字的时候，上天被他的丰功伟绩感动了，像下雨一样下起了谷子，妖魔鬼怪也被震惊得在夜里嚎叫不止。由此可见，在人们心目中，文字是一项惊天动地的伟大发明。

    可是，天下真的有长着四只眼睛的人吗？天上真的会下谷子雨吗？让我们一起拨开迷雾，聆听汉字的前世故事，重温汉字诞生和演变的漫长历史。

    在原始社会时期，先民们经过艰难而漫长的探索，学会了用图画来记录事物的名称。事物的名称就是语言中的词，而被用来记录这些词的图画就成了语言的符号，具备了文字的功能。然而，语言中有一些词的意义难以用图画来表示。于是，先民们另辟蹊径，用各种相对迂曲的方法为它们配备相应的符号。

    数目无法体现为具体的形象，人们只好通过累积线条等抽象图形来表示它们。例如，分别用"〓""〓""〓"表示"二""三""四"。

    形容词、动词以及含义较抽象的名词也都不太容易直接图解，人们便用意义相关的图画形象来间接地象征它们。例如形容词"大"，它指的不是具体的事物，而是事物的一种性质，人们就模拟具有这种性质的常见事物——成年男子的形象，创制出"大"这个形体，作为它的书面形式。

　　不过，仍有很多常用词的意义无法通过以上方法来表示。先民们便把原始社会中流行的一些约定俗成地表示某一特定意义的记号改造成文字，依靠硬性规定来与相应的词建立联系。例如，分别用"ㅅ""十""ハ"表示数目"六""七""八"。

　　当这些办法都无法达到造字目的时，先民们还会以声音为媒介，直接借用某个已有的字或图形来记录与它读音相同或相近的新词，这一方法被称为假借，而通过假借的方法创制出来的字则被称为假借字。例如，人们很难通过描绘某种形象来为第一人称代词"我"造字，而一种带有齿刃的兵器的名称恰好与之同音，于是就借用这种兵器的名称所对应的表意字"扚"，作为第一人称代词"我"的书面形式。

　　在用上述几种方法造出的原始文字的影响下，通过直接摹拟实物形象来表意的图画渐渐蜕变成了象形字，如"⊙"（日）、"☽"（月）、"朮"（木）等字就是典型的例子；人们进一步以象形单字为基本单元组合成了会意字，例如，以"日"和"月"组成"明"，会日月争辉而光明灿烂之意；此外，人们还通过在某一特定的象形字中用圈、点等符号指示字义，造出了指事字，例如，分别在"木"的上端和下端添加短横，造出本义分别为树根和树梢的"本"（本）、"朮"（末）二字。象形字、会意字和指事字均属表意字。

　　假借方法的广泛运用大大降低了为词配字的难度，与此同时，由于假借字越来越多，一字对应多词的情况便频繁出现。人们为了避免在阅读文本时混淆字义，便在这些假借字上加上表意偏旁，以示区别。例如，甲骨文中的"翌"，意为明天，多借"翼"（翼，昆虫的羽翼之形）字来表示，有时会为它加上表意的"日"旁，写作"翌"。人们在为假借字添加表意偏旁的同时，也为表意字添加表音偏旁。例如，"鸡"原本是一个象形字，写作"鸡"，通过模拟雄鸡的形象来表意，后来，人们为它添加了表音的

"奚"，写作"𥤰"，这就是繁体字形"雞"的来源。由上述途径产生的字具有两个以上的组成部分，一部分表意，另一部分表音，因此被称为形声字。随着汉字体系的发展，形声字的产生途径也有所拓展。

其实，从图画到文字的演变既不是一人之力所能促成的，也不是一朝一夕就能实现的。关于仓颉其人以及他造字的传说凝聚了古人卓越的想象力，但并不符合历史事实。在相当长的一段时期里，文字和图画共同承担着记录语言的职责。原始文字经过逐步改良后，才完全取代了图画，成为能够完整地记录语言的符号。

文字是原始文明发展到一定阶段的产物，它一经形成，便通过记录人们的语言，使文明成果得以永久保存和广泛传播，从而推动社会进一步发展。在两河平原，古巴比伦的《汉谟拉比法典》通过楔形文字向世人传递法治精神的火种；在尼罗河谷，圣书字记载了古埃及人在辛勤劳动中获得的知识和经验；在黄河流域，甲骨文所携带的文化基因成为塑造中华文明的重要力量源泉。

楔形文字和圣书字早已衰亡，汉字不仅从未失传，而且在一次次字体演变中不断焕发生机，见证着中华民族曲折而辉煌的成长历程，成为中国古代文明的"活化石"。商周甲骨文和金文的形体构造往往能够直接或间接地反映当时社会生活的若干细节；春秋战国时代，字分五系——秦、楚、晋、齐、燕——的局面逐步形成，秦国的小篆、古隶与东方六国的古文各行其是，折射出国土分裂的历史场景；秦汉时期，繁难的小篆逐步退出历史舞台，古隶和八分先后活跃于日常书写领域，与此同时，草书得到了迅速发展，凡此种种，无不是大一统帝国国家机器高速运转的生动写照；魏晋南朝，行书和楷书走向成熟，映衬着江左名士优雅从容的风姿。汉字与生生不息的中华文明同呼吸、共命运，历经变迁而不改本色。我们追溯汉字最初的形体和含义，回顾它的演变历程，可以听见历史的回音，触碰历史的细节，感受到中国古代文明的温度和厚度。

本书选择早期构形及本义在学术界争议较小、形体演变过程相对清楚、与现代汉字联系较紧密的古文字约 300 个，综合考虑它们的造字本义、使用状况以及字形之间的关联，用相对宽松的标准把它们归纳到十个主题中。这十个主题分别涉及古代生活世界的十个基本方面——天文、地理、人体、家庭、祭祀、战争、农业、工业、饮食、艺文，每个主题为一章，每章分若干小节，内容以分析文字形体源流为主，穿插解读相关的历史文化背景，再现古代社会生活的点点滴滴。为求文辞平易，本书尽可能减少专业术语的使用和学理性的论说，引用古文字文献材料时，用现代简化汉字写出释文，其中的假借字则改为相应的本字。作为文字叙述的补充，字形演变谱系图表将以更加直观的方式向读者呈现每个汉字的演变历程中的主要环节。本书综合参考了许多学者的研究成果，出于体例和行文上的考虑，无法一一随文出注，只能将主要参考文献附于正文之末，特此说明。

古文字学经过长期发展，积累了丰硕的成果，而笔者充其量也只是初窥门径，学殖尚浅，因此本书必然存在不少疏漏，恳请读者谅解和指正。

陈文波

2019 年 10 月

天行有常

天行有常，不为尧存，不为桀亡。

——荀况《荀子·天论》

荀子是战国晚期的思想家，他的著作被后人取名为《荀子》，书中有些篇章是他的弟子们辑录的。《天论》篇中这句话的意思是，自然界万事万物的运行都有着永恒不变的规律，不会受任何人的意志和行为影响。正是在古人探索自然规律的过程中，许多关于天象、季节、时间的汉字应运而生。本章以"天行有常"为题，讲述它们的来龙去脉。

古人如何记录时间

　　在人们的生活经验中，最能直观地体现自然界事物运行规律亘古不变的，莫过于太阳东升西落、月亮圆缺循环。太阳和月亮长久地陪伴着人类，几千年前，它们的模样就已深深地烙在人们的心目中。于是，先民把它们描绘下来，用来记录当时语言中的"日"和"月"这两个词。

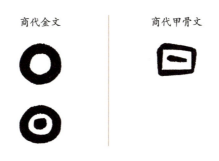

商代金文　　　　商代甲骨文

【"日"字形源流】

　　最原始的"日"字写作一个空心圆圈，像当头红日的圆形轮廓，这是人们耳熟能详的汉字常识之一。象形程度较高的"日"字多见于早期金文，同时期的甲骨文却很少将"日"写成圆圈，而更多地写成多边形（包括方形）。这是因为，在坚硬的龟甲和兽骨上刻划弧线比较困难，人们就把圆形改成了相对容易刻成的多边形。甲骨文作为商代至周初记录占卜活动的文字，其使用范围有较大的局限，不能很全面地反映当时日常使用文字的普遍状况，相比于早期金文，它具有简俗化的特点，具体表现为以方直的笔画替代圆转的笔画、以线条替代实心图形等等，这使得甲骨文的象形程度往往远逊于同时期甚至稍晚的金文——"日"字就是一个例子。

在商代，"丁""圆"二字分别有形如空心方框和空心圆圈的写法，与甲骨文中"日"字的一些形体几乎没有差别。人们为了将"日"字与这些字区分开来，就另外为它加上一点或一个短横，作为区别符号。像这样通过添加短小的、并无实际含义的笔画来区分形近字，是早期汉字发展史常见的情形。

从日出到日落，人们视野所及之处都是光明的，于是在这段时间进行劳作；从日落到下一次日出，人们与黑暗作伴，于是在这段时间里休息。晦明循环以及在其影响下形成的生活节律，使先民的心中渐渐萌发出一个时间概念，即把视野所及范围内的一次晦明变化视为一个时间单位。因为晦明变化缘于太阳出没，所以这个时间单位被称为"日"。

当有了"日"的概念，也有了"日"这个词来指称这个概念之后，人们在日常对话中如何指代特定的某一日呢？这就涉及纪日方法了。有学者指出，最早的以文字符号纪日的方法是，依次用甲、乙、丙、丁、戊、己、庚、辛、壬、癸十个天干来记录连续的十日，每十日为一个周期，到第十一日就重新从甲开始记。不过，仅用天干来纪日的方法并没有得到实物证据的有力支持，只是一种推论。有实物为证的最早的纪日方法是天干与地支搭配纪日，即以上述十个天干和子、丑、寅、卯、辰、巳、午、未、申、酉、戌、亥十二个地支，搭配成甲子、乙丑、丙寅……癸酉、甲戌、乙亥……癸亥的形式来记录日期。十个天干和十二个地支共有六十种搭配，也就是说，每六十日为一个周期，到第六十一日又重新从甲子开始算起。甲骨文中有所谓"干支表"，即商代的日历，一般认为，当时人用干支表来作为复核记录占卜日期所用干支正误的依据。

干支表

甲寅	甲辰	甲午	甲申	甲戌	甲子
乙卯	乙巳	乙未	乙酉	乙亥	乙丑
丙辰	丙午	丙申	丙戌	丙子	丙寅
丁巳	丁未	丁酉	丁亥	丁丑	丁卯
戊午	戊申	戊戌	戊子	戊寅	戊辰
己未	己酉	己亥	己丑	己卯	己巳
庚申	庚戌	庚子	庚寅	庚辰	庚午
辛酉	辛亥	辛丑	辛卯	辛巳	辛未
壬戌	壬子	壬寅	壬辰	壬午	壬申
癸亥	癸丑	癸卯	癸巳	癸未	癸酉

图 1-1　甲骨文中的干支表　《甲骨文合集》37986

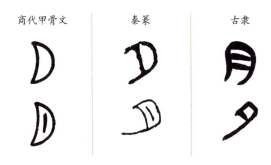

|商代甲骨文|秦篆|古隶|

【"月""夕"字形源流】

　　早期古文字里的"月"字像一弯缺月。明月当空的时候是夜晚，古人又把夜晚叫作"夕"，所以，这一弯明月的形象也被用来表示"夕"字。在汉字发展的早期阶段，一个字形被用来表示多个不同的词是一种常见现象，随着文字体系不断成熟，字形不断分化，这种现象才逐渐消失。最开始的时候，"☽"这个字形既可以表示"月"，也可以表示"夕"。当"月"字和"夕"字被用于同一场合的时候，人们觉察到二字同形会带来诸多不便，为了使表意更加清晰，不得不对它们作出明确的区分，于是在"☽"形的内部添加一个短竖，造出"☽"形，用来表示"夕"，而"☽"形仍表示"月"。再晚一些时候，另一批甲骨文使用者反其道而行之，以"☽"表示"夕"，以"☽"表示"月"，这种做法被后人继承了下来，沿用至今。"月""夕"二字与"☽""☽"二形的对应关系迭经变动，是两方面原因造成的：首先，甲骨文的使用时间至少有两百多年之长，在这段时间里，字形并非一成不变；其次，即便在同一时期，不同的占卜集团——贞人组的用字习惯也颇有差异。

　　早期古文字的方向是不固定的，"月""夕"二字也不例外。经过漫长的演变之后，"月"的开口才固定地向下，"夕"则变成斜向左下方开口。

　　古人发现，月亮的形状并不总是弯的，而是圆了又缺，缺了又圆，它的圆缺变化是有周期规律的。基于对这种规律的认识和把握，人们心中又产生了一个时间概念，即把月相的一个圆缺周期看作一个时间单位，称之为"月"。

按照我们今天的认识，一个公历年有十二个月，但是，在商周甲骨文和金文中，经常可以看到"十三月""十四月"等字样，这是为什么呢？其实，这种现象与闰月有关。安排闰月是人们为了协调太阳年与朔望月的时间长度值关系而发明的一种办法，目的是防止四季与月份脱节。在现行的公历中，闰月的表现是每隔四年就在二月多加一天，而在早期中国的历法中，安排闰月的方法大不一样，最早为人们所采用的方法是在年终安排一个闰月，即所谓"十三月"。殷世宗祖甲即王位后曾经废除过年终置闰的历法制度，"十三月"这一表述也因此而鲜见于其

图 1-2　甲骨文中的"十三月"
《甲骨文合集》24247

后的甲骨卜辞中。不过，从更晚一些的西周、春秋金文来看，年终置闰的方法仍然被广泛使用。在两周金文中，不仅有"十三月"，还有"十四月"，这是因为当时的历法水平有限，计算不够精密，有时需要安排两个闰月才能协调好年月的时长关系。

人们出于日常生活和生产的需要，将一天划分为若干个时间段。这些时间段

需要有专门的词来称呼，也需要有相应的字来进行书面表达。

　　清晨，太阳刚从地平面升起的时候，光晕把太阳和地面连在一起，古人将这番景象描绘下来，便是"旦"字的形体来源。

| 商代甲骨文 | 西周金文 | 古隶 |

【"旦"字形源流】

　　"旦"字上面的"日"代表太阳，下面的部分虽然写法众多，但无论勾廓还是填实，是圆还是方，它代表的都是大地。在商周古文字中，作为构件的圆圈和多边形或空心或填实，两种形态意义无别，并且变化自如。值得一提的是，另有一种观点认为，"旦"字下部并非大地的形象，而是表音偏旁"丁"（"钉"的象形字），学者们提出这一看法的理由，一方面是"丁"的古文字字形也写作填实或空心的块面，另一方面是"丁"与"旦"在上古时期读音相近，"丁"可以起到表音的作用。

　　在战国晚期的秦文字里，"旦"字的下部多已变作一横，但这一横与上面的"日"旁仍然粘连在一起。秦始皇在统一六国后实行了"书同文字"政策，2002年出土于湖南省湘西土家族苗族自治州里耶镇的一块秦代木牍记录了这项政策的部分具体条款，其中包含了将"旦"字的写法改为"日"旁与横画分离的规定。从那以后，"旦"字的形体至今都没有发生过变化。

图1-3 里耶秦简8-461"同文字方" 里耶秦简博物馆藏

太阳刚刚从天边的草木丛中升起来时，月亮还没有完全落下，这幅图景被早起的古人描绘下来，成为"朝"字的造型基础，环绕在"日"和"月"周围的几个形貌一致的偏旁"屮"（chè）像小草之形。"朝"的本义是指日升月落的清晨，太阳和月亮在每一个这样的时刻相见，于是"朝"也就被赋予了相见、朝见的意思。

【"朝""潮"字形源流】

西周以来，"朝"字的"月"旁被省略掉了，新添上了"水"旁或形近的"川"旁，更多地被用来表示潮汐的"潮"一词。到了战国时期,秦文字里的"朝"字被改成了"舟"旁,因为当时"舟"和"朝"的读音相似,这样一改更方便识读。像这样把一个部件改换成写法与原部件相近、同时读音又与整个字相同或相似的另一个部件的现象,在文字发展演变史上比比皆是,文字学家给这种现象起了一个名字——变形音化。在秦汉文字里,"舟"的写法与"月"又很接近,而"月"写起来比"舟"更简便,因此"舟"旁渐渐地被"月"旁取代,现在使用的字形就是从那时候沿袭下来的。

当"朝"字的右偏旁由"水"或"川"变成了"舟"或"月"以后,它在表示潮水、潮汐一类意思时,就远远没有原来那么直观、生动了。另一方面,"朝"既有早晨以及与之相关的朝见等意思,也有潮水、潮汐的意思,承载的意义实在太多,无疑会给人们带来阅读理解上的困扰。因此,人们就要想办法为它的部分意义另造一个读音或字形与之密切相关的字,添加偏旁是分化同源字最常见的手段之一,在"朝"字的基础上添加一个"水"旁新造出形声字"潮"以专门表示潮水、潮汐等意思,就是一个典型的例子,频繁进行这种操作的一个结果就是形声字大量涌现。

"一日之计在于晨",晨光熹微便意味着新一天的开端。每当这时候,早起的人就要把尚在睡梦之中的家人、同伴和邻居叫醒,一同开始劳作。这种叫声很可能有相对固定的音调,是歌唱的起源之一。用来表示这个过程的词便是"唱",而对应的字在最开始的时候却被写成"昌"。因为歌唱要用口,所以"昌"的古文字写法就是在"日"字下面加一个象征着嘴巴的"口"字,描绘张口对日高歌的画面。

| 商代甲骨文 | 战国古文 | 八分 |

【"昌"字形源流】

战国以后，"昌"字下面的"口"旁发生了变形，被人们在里面添上了一横，这样一来，它的字形就再也无法准确地表示开口歌唱的意思了，于是人们另外给它添上了一个"口"旁，造出"唱"字。"唱"字出现以后，分担了"昌"字的本义，"昌"字就被用来专门表示美丽、盛大、光明一类意思了。

当太阳高升以后，众人便在一起劳作，挥汗如雨。这个场景被描绘下来，就成了"众"字。"众"字上部是"日"旁，表示红日高悬，下部则由两个或三个侧面的"人"形横向排叠而成，表示人数众多。

商代甲骨文	西周金文	古隶	八分	草书	简化字

【"众"字形源流】

西周金文中的"众"字有时会把"日"旁误写成形近的"目"旁——像一只硕大的眼睛，这种错误的形体反而逐渐成为主流，像这样积非成是的现象在文字发展历程中是非常普遍的。西周以后，"众"字大都被写成了"目"旁，而下面的三个侧立"人"形到了汉代才发生较为明显的变化，中间的一个变成"亻"，分居左右的两个则在一定程度上保留了原初的面貌，这就是繁体"眾"的字形来源。有一种特殊的情况是，东汉时代，人们有时会在"目"旁的上面再加上一个短撇，写作"眾"。

魏晋时期，今体草书逐渐走向成熟，"眾"形上面的"目"旁被草化成一横，与短撇合在一起，很像一个"人"字的形态。后来人们用楷书的笔画来转写草书的字形，将上面的部分直接写作"人"，于是我们今天使用的简化字形"众"就诞生了。其实，不仅仅是"众"字，我们今天使用的简化字中，相当一部分形体都直接源于草书。

在甲骨文中，"众"是一个常见的字，有广狭二义。广义的"众"指除奴隶以外各个阶层的人，狭义的"众"指的是为商王服劳役，尤其是进行农业生产的人。过去有些学者认为"众"指的是奴隶，这种看法与甲骨文等第一手材料所反映出来的情况相抵牾，不足为训。

充实的劳作时光总是过得特别快，我们常用"光阴似箭"来描述这种感觉。其实，早在上古时期，人们就已经用箭来比喻时光飞驰了，"晋"字的原始字形及其所表达的含义便是真实的写照。甲骨文里的"晋"字下面是"日"旁，表示日光，上面则是两支倒插着的箭矢，最上面的交叉处像箭羽，与"日"旁相接处则像尖锐而锋利的箭头。

| 商代甲骨文 | 战国古文 | 古隶 | 八分 |

【"晋"字形源流】

"晋"字上面像箭矢之形的偏旁象形程度日渐降低，到战国时代，多数时候只保留箭羽的形象，余下的部分用两个向下凸出的弧形来表示。在秦汉文字里，这两个弧形笔画被拉直，然后合并成一横。不久，代表箭羽的交叉形也被一横代替了，这个过程最晚在东汉就已经完成。"晋"字下面的"日"旁在战国时期一度被错写成"曰"旁或"甘"旁，但在秦汉以后，这种情况就不再出现了。

日光飞驰，转眼间，太阳就已经从东边走到了西边，它的位置偏斜到了西南方向。古人用"昃"来表示下午太阳开始西斜的景象。早期古文字里的"昃"字由像人形的"大"和像太阳的"日"两个偏旁组成，其中"日"旁被写在"大"旁的左下方，二者的相对位置关系突出了太阳在西边的含义。因为"大"旁常常会被写成倾侧状，所以它指的很可能不是人本身，而是人在阳光映照下偏向一侧的影子。

商代甲骨文	战国古文	八分

【"昃"字形源流】

有些时候，"昃"字的"大"旁被替换为形体与"大"相近、读音与"昃"相同的"矢"（cè）旁。"矢"字最早的写法像一个头部倾斜的正面人形，它通过这一形象来表达倾侧的意思，像双臂的两个笔画后来被拉平，变成一横。"大"旁和"矢"旁两种写法的"昃"字在上古时期长期共存。战国时期，楚文字里又出现了一种新的"昃"字字形，在"大"旁的那种写法的基础上增加了表音的偏旁"仄"，"大"和"仄"共用一组斜向笔画。汉代以后，字形经过简化，仅留下了表意偏旁"日"和表音偏旁"仄"，"日"旁后来渐渐固定地写在"仄"旁之上。

太阳在西边的天幕落下的时候，便是白昼的结束，古人把这个时间段称为"暮"，用"莫"字来表示。华夏先民主要生活在今天的黄河流域，在华北平原和黄土高原看到的夕阳，是隐没在平芜尽处或丛林深处的。"莫"字的早期古文字形体描绘的便是太阳在草木丛中的景象，中间的"日"旁象征着太阳，四周围绕着象征草的"屮"或者象征树的"木"。"莫"字和它所对应的词"暮"本来指一天将要结束的时分，古人由一天推及一年，把一年将尽的时候也称为"暮"，同样写作"莫"。

| 商代甲骨文 | 古隶 | 八分 |

【"莫"字形源流】

　　四周写作"木"的"莫"字在西周以后就销声匿迹了，只有四周写作"屮"的形体被继承了下来。两个"屮"合在一起就是"艸"（cǎo），所以，此后的"莫"字的形体就可以看作上下各一个"艸"夹着中间的"日"。上下两个"艸"旁的两个弧形笔画都在迅疾的书写中被拉直了，然后连在了一起，变成一横。下面"艸"旁的两个长竖被处理成左右倾斜的形态，然后进一步被改造成了形近的"大"字。与此同时，上面"艸"旁的竖画则被缩短，变成了至今仍在使用的"艹"形。

　　"莫"字很早就被借用来做否定词，表示"不要、没有"一类的意思。为了分担它的表意负荷，人们在它的下面又加上了一个表意的"日"旁，造出一个新字"暮"，专门用来表示"莫"字的本义。

　　夜幕降临，天地间又归于黑暗。月上中天，把无边的清辉洒向大地，透过窗棂，给千家万户带来明亮。这番景象在李白的笔下平添了无限诗情：

　　　　床前看月光，疑是地上霜。举头望山月，低头思故乡。

明代诗人对这首诗进行了改动，将"看月光"改成了"明月光"，"望山月"改成了"望明月"，并且将它塑造成了中华民族共同记忆的高峰。

李白在诗中所描绘的情景也曾是上古时期的人们所目睹过的，但他们仅用一个"明"字来表现这无边风月。

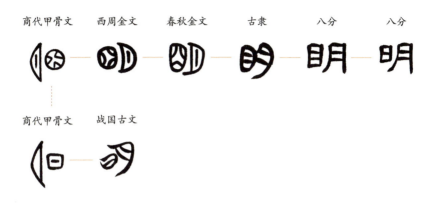

【"明"字形源流】

　　早期古文字中的"明"字一般由"囧"（jiǒng）旁和"月"旁组成，"囧"像一扇镂空的窗，"月"则代表照进窗户的月光。甲骨文里还有另外一种写法的"明"字，一边是"日"旁，另一边是"月"旁，在构造上与今天使用的标准字形大体一致。对于后一种写法的来源，古文字学家们尚未达成共识，有些人认为它描绘的是日月争辉的景象，同样可以表示无边的明亮，另外一些人则认为"日"旁是由"囧"旁简省而成的。

　　在早期古文字里，"囧"旁内部像镂空窗格的几个小笔画的具体朝向是不太固定的。西周时，它们开始被写作彼此方向相背、略带弧度的斜向笔画。战国晚期以后，"囧"旁内部两个斜向的弧形笔画被拉直而成横画，于是"囧"旁就讹变成"目"旁，"目"旁的"明"字直到明清时期还活跃在人们的日常书写中。

　　西周金文和春秋战国的秦文字里都几乎见不到"日"旁的"明"字，但是，战国时期东方六国的文字里却频繁出现这样的写法。汉代以后的文字是由秦文字演变而成的，字形没有过多地受到过其他文字体系的影响，所以不妨推测，汉代以后，写作"日"旁的"明"字并非继承自甲骨文和战国时期的东方六国文字，而是由"目"旁简省而来的。

在没有霓虹灯的古代，月亮是无边夜色里最引人注目的光源。月光不仅从窗口照进屋子里，也从门缝里透进来，照亮人们的生活。北宋大文学家苏轼被贬在黄州当没有实权的团练副使时，有一天晚上就看到了这样的景象，于是他高兴地找朋友一起在庭院里散步，事后写下了千古名篇《记承天寺夜游》：

> 元丰六年十月十二日夜，解衣欲睡，月色入户，欣然起行。念无与为乐者，遂至承天寺寻张怀民。怀民亦未寝，相与步于中庭。庭下如积水空明，水中藻、荇交横，盖竹柏影也。何夜无月？何处无竹柏？但少闲人如吾两人者耳。

图 1-4　费丹旭《东坡夜游图》　故宫博物院藏

在有"孤篇压全唐"之美誉的《春江花月夜》中，张若虚写道："人生代代无穷已，江月年年只相似。"虽说月色夜夜如故，然而像苏轼和他的朋友张怀民一样，拥有一颗能被无边风月感染的心，却并不容易。比他们早两千多年的人，同样在门缝里看见过美丽的月色，虽然朴素的先民大都没有苏轼那样细腻的感受力，但月色入户的美景却以另一种方式激发了他们的创造力，他们把从中得到的灵感融会成了一个新的字——"閒"（jiān），描绘了两扇门有间隙且能从中看到月光的情形，表示在空间上有间隙的意思。

在古代，一扇门叫作"户"，所以"户"字的古文字字形就像一扇门；两扇门合在一起才叫"门"，所以"门"的古文字字形就是由方向相对的两个"户"字组成的。后来，"户"字的字形发生了比较大的变化，最上面的一笔先是突破门的轮廓向右延伸，变成了长横，然后又变成一点。但"门"字的字形却并没有随"户"字变化，始终保持着原始的面貌，直到二十世纪五十年代推行简化字，才正式在草书结构的基础上把笔画改写成了楷书的形态。

商代甲骨文	古隶	楷书

【"户"字形源流】

西周金文	八分	行书	简化字

【"门"字形源流】

西周金文里"閒"字的写法是在"门"外加上表示月光的"月"旁,"月"旁后来被移到了"门"内。

【"间"字形源流】

"閒"字本来的意思是空间上有间隙,人们也常常用它来表示时间上的间隙,即空闲,它也随之有了 xián 这个读音。后来,人们又造出"间"字来部分地分担"閒"字的本义。我们现在看作"閒""间"的简化字的"闲",在最开始的时候却与"閒""间"都没有意义上的联系。"闲"最初的形体就是在"门"字的下面添一个"木"旁,表示门前有木制的栅栏一类遮挡物。后来,由于它的读音和表示空闲之意的"閒"相近,所以人们常常直接借用它来暂代这种意思的"閒"字,以至于它最初的意思逐渐被大部分人遗忘了。在这整个过程中,这三个字并非谁取代谁的关系,"閒"一直以来都保留着空间间隙和时间间隙这两种意思,只是前一种意思更多时候用"间"表示,后一种意思有时候会用"闲"表示。

凌晨时分,当大多数人还在酣眠的时候,有的人已经悄然起身,开始新一天的奋斗,努力的身影被月色照耀得格外高大。古人把这个场景描绘下来,从而造出了"夙"字。甲骨文里"夙"字上面是"月"旁,代表月亮,下面是人伸出双手工作的模样,即"丮"(jǐ)旁。

| 商代甲骨文 | 西周金文 | 古隶 | 八分 |

【"夙"字形源流】

　　如前所述，商周时期"月"字和"夕"字共用一个字形，所以"夙"字的"月"旁有时候也被写成"夕"旁，在战国时期东方六国的文字里尤其如此，只有秦人继承了"月"旁的写法。不过，秦人也并非完全不作改动，他们把像人伸出双手劳动的"丮"旁改得不似人形——像双臂的地方变成了两横，像双手手指的笔画被合并成了一个略微倾斜的竖画。除此以外，有时候还将"丮"旁移到"月"旁的右边。汉代以后，"夙"字的"月"旁逐渐全面被"夕"旁取代。

　　由于"夙"字的本义是披着月色早起工作，所以它也就有了"早"的意思。"夙兴夜寐"是今人耳熟能详的成语，其中的"夙"和"夜"对应，用的正是它的本义。

仰望星空的发现

　　先民们脚踏实地的同时，不忘仰望星空。他们把烁烁生辉的满天星斗缩略地描绘成几个小小的空心点，比较常见的是三个——一上二下，呈三角形分布。有时候，人们还会在空心的框里加上一点或一个短横作为装饰，这就是"晶"字最初的模样。它既被用作形容词，表示像星星一样闪亮，也被用作名词，直接表示星星。当它被直接用来表示星星的时候，我们就可以把它看作"星"字的原始形态。

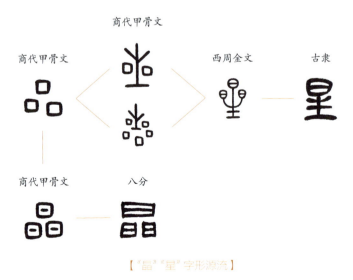

【"晶""星"字形源流】

后来，人们在表示星星的"晶"字的基础上加了一个"生"旁，用来强调"星"字的读音，这样就为名词"星"新造出了一个形声字（✹、✹）。"星"字的出现涉及形声字的又一种产生途径，即在原始表意字形的基础上增加表音偏旁。有趣的是，这个新造的"星"字大多数情况下并没有被用来表示"星"这个词，而是被借去表示晴天的"晴"。

"晶"字中象征星星的空心小框的数量后来渐渐固定为三个，其分布格局也继承了甲骨文里最常见的情况——一上二下。这些小空框带上里面用来装饰的小点或短横，看起来就和"日"字没有多大差别了，因此，这个偏旁后来就被写成了"日"。

古人很早就发现，在满天繁星之中，有一颗星显得格外明亮，在一年中出现的时间也特别长，它每隔一段时间就会移动一段距离，亮度也会随之发生变化。于是，人们就觉得它与众不同，认为它受到神的支配，是天神灵力和威仪的象征。这种未知的力量让人们感到惶惑不安，所以，它又被看作灾祸的根源。

图1-5 （传）梁令瓒《五星二十八宿神形图》中的岁星神形象 日本大阪市立美术馆藏

图 1-6 利簋铭文
《殷周金文集成》4131

对上古时期的人来说，为这样一颗神圣又可畏的星星命名可不是随便的事，得用人间同样神圣可畏的东西才配得上它，最符合这个特征的无疑是统治一切的力量——王权。与后世用玉玺来代表皇权不同，在商代，王权的象征物是一种名叫"钺"的青铜器。这种青铜器除了用来象征王权以外，还是一种常见的兵器。兵器是用于战争和杀伐的，战争和杀伐都属于灾祸，所以神圣的钺也让人们心生畏惧。因此，人们就用"钺"的象形字"岁"为那颗让人敬畏的星星命名。商代青铜器利簋的铭文记载了周武王伐纣的史实，其中"岁鼎"二字交代了当时的天象状况，据研究，"岁"指的就是岁星，"岁鼎"即岁星当空。

"岁"字最初的字形来自对钺的模拟，其中最左边的一笔代表刃部，时有时无的两点代表的是钺刃尾端向内卷曲形成的透空之处，右边的长竖象征的是钺的长柄。两点有时候又被写成两个"止"，"止"是脚掌的象形文字，作偏旁的时候往往有运动的意思。因为岁星每隔一段时间就会移动，所以用两个"止"来表示这一含义。

商代甲骨文	西周金文	古隶	八分	楷书

【"岁"字形源流】

　　商周之际，人们在表示钺柄的长竖上添上了一撇。春秋时期，钺形慢慢演变成了"戈"或"戌"，同时，两个"止"旁也被继承了下来。这种字形结构经战国、秦、汉，一直沿袭到现代。

　　岁星绕太阳公转的周期是 11.68 年，所以古人从地球上仰望星空，就会发现岁星大约每十二年从西向东绕天一周。他们据此把天空分成十二等分，称为"十二次"，所谓"次"，就是停留之地的意思。岁星每一年运行到一"次"，即被称为"岁次某某"或"岁在某某"，这就是上古时期人们采用的岁星纪年法。岁星纪年法最大的缺陷在于，岁星的公转周期比整十二年少 0.14 年，这意味着每过八十多年，岁星实际所在的地方就会超前一"次"，而且，这个误差会随着时间的推移而不断变大。于是，人们虚拟了一个沿着与岁星相同的轨道逆向运行、每整十二年绕天一周的天体，用来代替岁星履行纪年的职能，这个虚拟的天体被称为太岁。太岁的运行轨道也被分成十二等分，称为"十二辰"，用十个与天干一一对应的名称——岁阳，和十二个与地支一一对应的名称——岁阴，配对表示，后来，由于岁阳和岁阴的名称用字过于繁难生僻，人们就用六十干支取代了它们，通行至清末的干支纪年法即由此而来。

古人所谓岁星，就是我们今天所说的木星。木星的英文名叫 Jupiter，这个名称来源于古罗马神话中众神之王的名字。可见，木星不仅在古代中国人的心目中拥有神圣的地位，在西方古代文明中同样受到格外的重视。

古人称为 "星" 的东西未必全是我们今天所说的星球，夜空中其他光芒闪烁的东西也会被古人误认作星。毕竟古人没有天文望远镜，在肉眼中，它们和真正的恒星、行星似乎也没有太大的区别——彗星和流星都是这样的存在。

《左传》记载了这么一个故事：

> 齐有彗星，齐侯使禳之。晏子曰："无益也，只取诬焉。天道不谄，不贰其命，若之何禳之？且天之有彗也，以除秽也。君无秽德，又何禳焉？若德之秽，禳之何损？……"公说，乃止。

故事的大意是说：有彗星掠过齐国的上空，齐景公想要祭天消灾。晏子告诉他，这样做是没有用的，只是自欺欺人罢了。因为宇宙万物都有恒常的规律，不会改变，我们又怎么能消除灾害呢？天上出现了彗星，那是来帮助国家扫除污秽的。如果作为一国之君在治国理政上没有什么不见得人的行为，那就没有什么灾可消的，如果真有，那么求神祭天也没有用。齐景公听了晏子的话后，心悦诚服地打消了祭天的念头。从这个故事中，我们可以知道，中国人对彗星的观测能够追溯到先秦时代。

彗星的 "彗" 字的甲骨文写法，源于一种叫作地肤植物的象形字 "䔲"（huì），"䔲" 的早期字形 ♆ 上部像茂密的茎叶，人们把三茎省为两茎，每茎上多组左右对称的叶子省为两组，得到 "⺌" 形，在每茎上继续简省其半，就成了 "⺍" 形。战国和秦汉时代的 "彗" 字上部更多地被写作 "⺌" 形，并且进一步向形近的 "生" 形靠拢，而 "生" 形又与 "丰" 形相混淆。

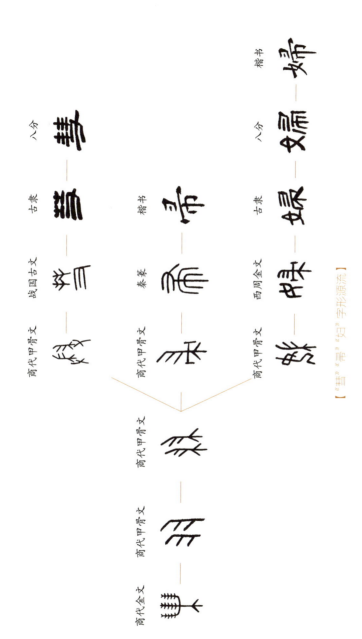

["彗""帚""妇"字形源流]

将地肤的茎叶捆扎成一束，即可制成扫帚，因此"ᡷ"形又可以用来表示扫帚的"帚"一词。在此形下部加上绳子捆扎之形的一组斜向笔画，就是"帚"字的早期古文字形体ᡷ。

在古人看来，洒扫门庭是妇女的职责，所以"ᡷ"形还可以表示妇女的"妇"一词，"妇"这个字则是后来为了使表意更加明确才添加"女"旁而造出来的。

至于甲骨文中的"彗"字是否被用来表示彗星，目前学界尚未达成共识，不过，在春秋时期，它就被人们习以为常地用来称呼彗星了。秦汉时代，人们对彗星形象的描绘更与"彗"字的古文字形体遥相呼应。1973 年在湖南省长沙市马王堆 3 号汉墓出土了一批大约誊写于秦末汉初的古书，它们中的大部分都是写在丝帛上的，其中有一种讲占卜的书，题为《天文气象杂占》，书中有一段内容讲的是不同形态的彗星所代表的征兆，列举出的彗尾形态就包含有"ᙏ"形和"ᡷ"形，而"ᙏ"形尤多。大概正缘于此，人们就按照彗星最常见的形态，把它原来的"ᡷ"旁改造成了"ᙏ"旁。

图 1-7　马王堆帛书《天文气象杂占》中的彗星图像　湖南省博物馆藏

近年，天津博物馆收藏的两块刻有占卜记录的牛肩胛骨碎片被发现可以和首都图书馆收藏的一块碎片拼合。拼缀完成以后，一段虽然文句有残缺但意思还算相对完整的话就出现了，我们用现代汉字把它写出来（其中残缺的句子用省略号代替）：

> ……戠于东……有戠，不吉。三日庚申
> 夕向……戠于东，星率西。

整段话的大意是：占卜的结果显示，东边的天上将要出现不祥的景象，三天后果然应验了，庚申那天夜半，快要进入新的一天时，东方的夜空发生了特殊的天象，星星们全都向西边的天空飞去了。

这段话里面提到的会移动的"星"其实就是流星，所谓特殊天象就是流星雨。这版甲骨文正是目前中国最早的流星雨记录，距今大约三千三百多年。有趣的是，三千多年前曾被认为是不祥之兆的流星雨，今天却被看作是承载人间无数美好愿望的信使，被赋予了浪漫的色彩。

图 1-8　有关流星雨的甲骨卜辞
《甲骨文合集》17282+16124（反面）+
6017（反面）

季节轮换的风景

　　先民们在一个个面向黄土背朝天的日子里仰观俯察，通过天象和物候的变化，感知时间的流逝和季节的轮换，太阳东升西落、月亮圆缺循环、草木荣枯更迭分别意味着日、月和年。正如一日之内有朝晖夕阴，一年之内也有寒来暑往。最开始的时候，人们仅仅把一年划分为春、秋两个季节。直到西周晚期，才又把二季细分为四季，把春的前半期称为冬，把秋的前半期称为夏。华夏先民主要生活在华北平原，当地的主要作物——粟类的收获时节大约是夏历的九月和十月，所以人们以九月为一年的结束，以十月为一年的开端，也就是说，一年四季的顺序是冬—春—夏—秋。然而，冬季并非适于耕种的时节，排在一年的开头似乎不太合适，所以人们又规定，以春季为一年的开头。这样一来，冬季就被排到了一年四季的最后，春—夏—秋—冬的次序也就由此形成了。

　　明媚的阳光将温暖带到世界，大地上的一草一木无不欣欣向荣，这就是"春"最初的含义。

【"春"字形源流】

甲骨文里的"春"字是由"日""屯"和"木"（或"屮"）三个部件组成的。其中"木"或"屮"的数量是不一定的，写一个至四个的都有，"屮"是小草的象形字，在"春"字中和"木"一样代表着世间所有的植物，因而"屮""木"可以相互代换；"日"象征着春日暖阳；"屯"既能提示"春"的读音——"屯"和"春"在上古时期读音相似，还能充当表意偏旁——"屯"字最初的模样像种子刚刚萌芽、长出两片子叶，这一过程是在春季发生的。

| 商代甲骨文 | 西周金文 | 古隶 | 楷书 |

【"屯"字形源流】

甲骨文"屯"字像幼叶的 V 形笔画慢慢演变成"凵"形，像茎部的弯曲笔画后来变成"乚"形，像叶子的一点或一个小圈则变为一横，这个演变过程结束于汉代。

"春"字经过了漫长的演化历程才变成我们今天常见的模样。春秋时期，上面部分被统一写成了两个"屮"并列而成的"艸"（𦫭）。战国时代的"春"字往往会被省掉一个表意部件，有时候省掉"日"（𦱹），有时候省掉"艸"。在秦代文字遗迹里，"春"字的这种简省掉一个表意部件的写法依然存在（𣜩），而更重要的变化也在此时悄然发生着，"屯"被移到了最上面（𣚣），有时候还被写成形近的"出"，"艸"则被放到了"屯"的下面、"日"的上面，成为现代汉字"春"的雏形。

在汉字形体演变的过程中，书写材料的影响不容小觑。秦汉时代的主要书写载体是竹简，一支竹简的宽度一般来说大约一厘米左右，长度也有一定的限制，这就意味着每支简能够容纳的字数并不多，如果书籍或文章的篇幅较长，那么所需要的竹简的体积和重量就会比较大，这就不利于著作的传播了。汉代人想出了一个办法，他们把字压扁来写。这样一来，每支简能够容纳的字数大大增加，喜欢写长篇大论的文人就再也不用过于担心简册过大过重不便流传了。把字写扁的意义远不止于此，这种书写倾向在相当程度上促进了汉字形体的演变。人们为了把字写扁，就得把纵向的笔画缩短，同时把横向的笔画拉长，一些略带倾斜度的笔画往往也被拉平。以"春"字为例，"屯"或"出"部被压成两横一竖，两个"艹"被压成一横一撇一捺，这两个被挤压变形的部件结合在一起，加上下面始终不变的表意偏旁"日"，就变成了我们今天常见的样子，这个演变过程大概在西汉晚期就完成了。

与春相对应的季节是秋。早期古文字里的"秋"字与现代汉字的形体差距很大，它像一只振翅欲飞的蟋蟀的侧面形象：头顶上的两笔代表伸长的触角，左边伸出来的两笔代表腿脚，右边的几笔代表翅膀，中间的部分代表头部和躯干，栩栩如生。不过，像翅膀和腿脚的笔画有时候会被省去一部分。

| 商代甲骨文 | 战国古文 | 古隶 |

【"秋"字形源流】

作为季节名称的"秋"，为什么可以用蟋蟀的形象来表示呢？《诗经》里的名篇《七月》中有这样的一句：

七月在野，八月在宇，九月在户，十月蟋蟀入我床下。

这句诗讲的是：蟋蟀七月在田野，八月飞到了屋檐下，九月进了门口，十月就躲进了人们的床下。作者通过对蟋蟀由远而近的描写，衬托出了天气日渐寒冷。按照当时的历法和季节划分方式，诗句中描写的七月、八月、九月和十月大致属于秋季。可见，蟋蟀由于在秋季频繁出没，很早就被看作秋季物候的象征了，所以人们用它的形象来表示"秋"字。

商代甲骨文	战国古文

【"火"字形源流】

蟋蟀对农作物有极大危害，所以人们要消灭它。灭虫的主要方法是用火烧，这一点也反映在"秋"字字形的变化上——在原来像蟋蟀的字形下面加上了一个"火"旁。"火"字的早期字形像一团熊熊燃烧的烈火，上面还有飞溅起来的火星，它从商代开始就被一步一步地简化。"秋"字后来又被人们加上一个"禾"旁，来表示秋季是农作物收获的季节。经过多次累增偏旁，虽然表意明确多了，但笔画太多，写起来很不方便，于是人们就想出了一些简省的办法：或将蟋蟀的躯干、腿脚和翅膀省略掉，留下一个像"日"字一样的头部形象，与"禾""火"两个偏旁凑在一起（𤋳）；或将"火"旁也省掉，仅留下"禾"和从蟋蟀头部形象演变成的"日"旁（𥡥）；或将整只蟋蟀都省略掉，只剩下"禾"旁和"火"旁（秋）。这些写法活跃在战国时代的各个国家，而秦人更多地采取最后一种办法。秦文字随着秦人的铁蹄向大江南北推广，于是由"禾"旁和"火"旁组成的"秋"字就取代了其他的写法，世代沿用。

　　商代并没有"夏季"这个概念，但这并不意味着没有"夏"字。虽然甲骨文中的"夏"字几乎全部都是用来表示人名的，但从"夏"字最初的写法来看，它之所以后来被人们用来表示夏季，大概与它的本义不无关系。

商代甲骨文	西周金文	春秋金文	战国古文	古隶	八分

【"夏"字形源流】

　　甲骨文中的"夏"字是由上面一个"日"旁和下面一个"页"旁组成的（ ），"日"当然就是太阳的象征，"页"像跪坐的人形，通过特写其头部来表示人头的意思，"夏"字就像一个跪坐着的人被天上的烈日曝晒，大概是要表达炎热一类意思。梁代人顾野王编写的字书《玉篇》也收录了一个由"日"和"页"组成的字——"暊"，但从它的两个读音分别为"孚武切"（即以"孚"的声母为声母，以"武"的韵母为韵母）和"思主切"（即以"思"的声母为声母，以"主"的韵母为韵母）这一点来看，它与甲骨文"夏"字毫无关系，它们字形结构相同只不过是一个跨越两千年的巧合。在汉字系统里，两个用于记录不同的词的字形体偶然相同的现象并不罕见。

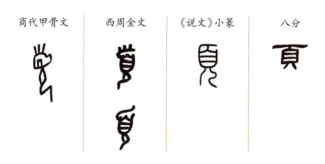

商代甲骨文	西周金文	《说文》小篆	八分

【"页"字形源流】

　　后来，人们在"夏"字的"页"旁两侧添上像双手的偏旁，又在下面加上像脚的"止"旁，几乎把整个人都要画出来了（）。到战国时代，东方六国文字里的"夏"字形体变得丰富多样，"页""止""日"这几个偏旁的相对位置不断变化，"日"旁中间的短横时有时无，"止"旁有时会被误写成"女"旁或"又"旁（），像双手的偏旁往往又被省略掉。其中秦国文字的面貌相对稳定，省略"日"旁，"页""止"和像双手的偏旁都被完整地保留了下来（），不过，"页"旁经历了和独立的"页"字大抵一致的演变过程，像人双腿的两笔被缩得很短，"止"旁多是倒过来的。汉代以后，人们在秦文字的基础上，彻底省去了像双手的几笔和"页"旁原来像双腿的两笔。

　　由于"夏"字的本义是人被太阳曝晒感到炎热，所以它被用来表示一年之中最热的时节。

　　汉代陕西、山西一带的人们用"夏"来形容物体粗壮、巨大，在更早的时候，"夏"的这种用法在其他地域的文本中也曾出现，战国时期楚国的诗人屈原在《大招》中写下了这样的一句话：

夏屋广大，沙堂秀只。

"沙堂"指用朱砂装饰门楣的厅堂，"只"是语气助词，没有含义，而"夏屋"指的就是大屋。同时，"夏屋"又被简称为"夏"，屈原在另一篇作品《哀郢》中写道：

曾不知夏之为丘兮。

这句说的是，不曾想到大屋变成废墟，直接用"夏"来表示大屋的意思。表示这种意思的"夏"后来被人们添上了一个"广"旁，写成"廈"，表示这个字的含义与建筑物有关。现在，"廈"已经简化为"厦"。

与"夏"字一开始并不指夏季一样，"冬"字最初也并没有冬季的意思，在甲骨文里，它一般被用来表示终日的"终"。

| 商代甲骨文 | 战国古文 | 秦篆 | 古隶 | 楷书 |

【"冬"字形流流】

一些学者结合"冬"字最初的造型特点，对其造字原理提出了好几种猜想。有人认为，它的字形像两颗榛果相连下垂，最初表示的可能是"榛"字，由于读音相似，才被借用去表示终日的"终"。也有人认为，它的字形就像纺织出一根线之后在两端各系了一个结，以此来表达终结的意思。这些说法都有一定的道理，但也都缺乏确凿的证据。

等到人们明确地把一年划分为四季，"冬"字才被用来表示一年中最寒冷的季节。战国时期，专门表示终结之意的"终"字开始出现，"冬"大概就不经常被用来表示"终"了。楚人为了突出"冬"字所对应的词是个时间名词，于是就在它下面添加了一个"日"旁（芳）。秦人对"冬"字形体的改造与楚人迥然相异，他们在原来附着于左右对称的两个垂下来的笔画上的点之间连了一条直线，又在下面添加了两个小点，作为装饰（A=），后来，除了两点以外的主体部分被顺时针旋转了大约 45°（冬）。秦人兼并了东方六国，所以秦代以后的文字也都继承了这样的形体。

三千年前的天气预报

    天气现象是自然规律的一种体现，生活在上古时期的人们深刻地感受到天气变化对生产生活带来的各种影响，非常重视对气象状况的预测和记录，所以甲骨文里有着内容翔实而细致的气象档案，从中可以看到很多与气象有关的字。

    最为商代人所关注的气象状况是降水，在甲骨文里常常能看到关于雨的占卜记录，占卜结论就像一则天气预报，包含会不会下雨、下雨的时间等信息。甲骨文里的"雨"字用一横象征天上的云，在横画的下面画几个小点象征从天而降的雨滴。象征雨滴的小点一般来说是六个，上下各三个。

商代甲骨文	战国古文	古隶	八分

【"雨"字形源流】

甲骨文"雨"字上面的三个点渐渐被拉长，从而变成短竖，继而和上面的横画相连，顶上再添一横，像云层重叠。战国时代，楚系和秦系文字都在"雨"字的最上面加上了一横，下面则固定写作四点。大概在秦汉之际，中间的一竖戳穿了原来象征天的那一横，和后来加的这一横相接，"雨"字的形体演变历程从此宣告结束。

在水利技术还很不发达的时代，雨水之于农业生产的意义不言而喻。但是雨水并不总是充沛的，于是人们便向天求雨。甲骨文里有为数不少的献祭求雨记录，这些记录显示，按照干旱程度的不同，用于焚烧的祭品分为几个不同的等级，等级最低的祭品是木柴，等级最高的祭品往往是身份显赫的人。《吕氏春秋》记载了这样的一个故事：

> 昔者汤克夏而正天下，天大旱，五年不收，汤乃以身祷于桑林，曰："余一人有罪，无及万夫。万夫有罪，在余一人。无以一人之不敏，使上帝鬼神伤民之命。"于是翦其发，䴥其手，以身为牺牲，用祈福于上帝，民乃甚说，雨乃大至。

故事的大意是：商刚刚立国的时候，天下大旱，于是心怀苍生的君主成汤想把自己作为牺牲向上天献祭求雨，于是天上就下起了倾盆大雨。这个故事充分说明人们对雨的依赖和期盼。

尽管雨能够给人们带来丰收的喜悦，但人们也并不总是希望遇到雨天。在甲骨文里，不合时宜地下雨被称为"雨不正辰"，《诗经》中有一首题为《雨无正》的诗，以不合时宜的雨来讽喻政令不当。

对于不合时宜的雨，人们当然避之不及。在今天，基于气象监测的天气预报是我们躲避恶劣天气的重要参考，而古人认识自然的水平较低，只好寄望于超自然力量泄露天机。有一位商王曾经在出门打猎之前专门占卜了一番，卜问的内容是他外出期间会不会下雨：

图1-9　卜问何时会下雨的甲骨
卜辞《小屯南地甲骨》42

弜（jiàng）田，其冓（gòu）大雨。自旦至食日不雨？食日至中日不雨？中日至昃不雨？

　　这段话中有一些不易理解的字词，我们简单地疏通一下文意。"弜"是一个否定词，表示主观意愿上的不要；"田"指的是打猎；"冓"的形体像两条鱼上下相向，所以有相遇、遇到的含义；食日分为大食和小食，前者指早餐时间，后者指晚饭时间，这里的"食日"是就前者而言的；"中日"就是正午，即中午十二点；"旦"和"昃"分别指黎明和下午两点左右。由此，我们可以知道，这段话的大意是：不要去打猎了，可能会遇到大雨。从黎明到早餐时间不下雨吧？从早餐时间到正午不下雨吧？从正午到下午两点不下雨吧？

　　如果真的遇到不适时的雨，恐怕就没有人能高兴起来了，只能烦躁不安地停在半路避雨，等待雨过天晴——这就是"需"字最初的含义。早期古文字里的"需"字上面是"雨"旁，意味着天上下雨，下面是"天"旁，"天"像一个张开双臂的人的形状。这两个偏旁合在一起表达的是，雨天不宜出行，只能停下来等待雨过天晴。因此，"需"最初的含义就是等待。

　　战国时期，由于"天"字和"而"字的写法非常接近，它们在充当偏旁的时候尤其容易混淆，于是，"需"字下面的偏旁就会被人们误认为"而"旁。汉代人把古文字转写成隶书的时候，就直接把这个偏旁写成"而"了。随着这种写法被广泛接受，也就很少有人知道"需"字本来是"天"旁的了。

西周金文	战国古文	八分

【"需"字形源流】

雨是大气循环的产物，来自地球表面的水蒸气冷凝成云，云中的水滴聚集到空气无法承载的程度时，就会落下来成为雨。对于云与雨的密切关系，商代人就已经有所认识，这在当时的占卜记录中可以窥见一斑，比如有这样的一条记录：

> 兹云，其雨？

意思是：天上已经乌云密布了，是不是会下雨呢？

我们从这片甲骨中清楚地看到了"云"字的古文字字形，像云朵卷起的模样。后来，因为"云"字被借用来表示说话，于是，人们就在"云"的基础上加上一个表意的"雨"旁，组成"雲"字，来表示"云"最初的含义——云彩、云朵。在1956年颁布的《汉字简化方案》中，"雲"重新被简化为"云"。"云"字甲骨文字形中

图 1-10 卜问是否会下雨的甲骨卜辞
《甲骨文合集》13387

卷起的笔画慢慢变直，在秦汉时代就已经变成一个类似于上不封顶的梯形的样子，这种形体进一步草写、快写，就变成了一个撇折和一个点的组合，我们今天使用的字形就是这样产生的。

【"云"字形源流】

下大雨之前，往往会刮风、闪电、打雷，这些现象同样被先民注意到，并且记录下来。

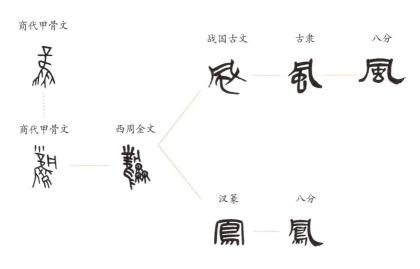

【"风""凤"字形源流】

在甲骨文中，"风"一词是借用"凤"字来表示的，"凤"的原型一般认为是孔雀。"凤"字最初的形体像一只头上有冠的凤凰（⚊），最上面的两横和它们夹着的两个较短的相向的斜画就是冠，弯曲的一笔描画的是头部和身体的轮廓，末端有分叉的几个笔画则像尾部带珠饰的羽毛。后来，人们在象形的"凤"字上新加了一个"凡"旁（⚊），用来表示"凤"的读音。"凡"和"凤"虽然在今天的普通话里读音差别不小，但在上古时期，它们读音很接近，所以"凡"能够充当"凤"的表音偏旁。

西周早期，像凤尾珠饰羽毛的笔画开始脱离（⚊），这些游离的笔画渐渐演变成形体相近的"虫"旁，然后与"凡"旁结合，"風"这个字形由此产生（⚊）。脱落尾羽的"凤"字主体部分逐渐演化为普通的"鸟"旁，与"凡"旁组合在一起。

在生产力发展水平低下的时代，人们把一切不易理解的现象都归因于超自然力量的作用，这在商代人对风的理解和认识上也有所体现。商代人给来自不同方向的风起了不同的专用名称，并且把它们都视为神灵，每年都要举行祭祀仪式，向四方风神祈祷，希望他们能够保佑农作物丰收。

在早期古文字中，用来表示"电"的是"申"字，"申"的字形像半空中闪耀而曲折的电光。战国以后，两边像较短小的电光的笔画渐渐演变成两个"口"或者左右相向的两个"爪"形，前一种写法常见于楚文字，后一种写法则常见于三晋文字和秦文字，为了适应提高书写效率的需求，后者中间弯曲的笔画被改成了垂直的竖画。由于秦统一后取缔了东方各国的文字，所以汉代以后就继承了把短小的电光改写成左右相向的两个"爪"形的写法。为了便于书写，这两个"爪"形被连在了一起。

西周金文里出现了增添了"雨"旁的"電"字，它应该是"电"的象形文字"申"被借用去表示其他意思（比如地支名称）后才被人们创制出来的。与"申"字不同，"電"字在演变过程中最后一笔一直保持着弯曲的形状，在简化汉字中，摘掉"雨"旁之后，这一笔承担着和"申"在形体上相区别的职责。

商代甲骨文	西周金文	秦篆	战国古文	八分

西周金文	《说文》小篆	楷书

【"申""电"字形源流】

闪电总是裹挟着雷鸣，紧随电光而来的雷声犹如无数车轮碾过，所以"雷"最初的形体就是在表示闪电的"申"字中间添上几个车轮的形状。由于甲骨质地坚硬，刻划弧线不易，所以车轮往往被刻成方形或菱形，有时候还会用点来代替。

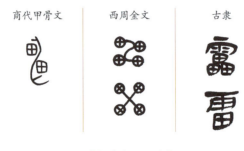

商代甲骨文	西周金文	古隶

【"雷"字形源流】

由车轮的形象演变而成的方形或菱形，后来进一步变成"田"形。而"申"旁的形态也发生了较大的变化，到西周中晚期，原本的面貌荡然无存，人们已经很难从中辨认出闪电的模样。这时候，人们发现，几个"田"形似乎无法体现"雷"

的含义，于是另辟蹊径，在上面添加了一个新的表意偏旁——"雨"，以表明这个字的含义与下雨有关，最原始的闪电形也在这个时候彻底消失了，这一过程大约发生在战国时期。汉代以后，"田"形由多个省略为一个。

雪是另一种常见的降水形式。正因为雪很常见，所以汉语里很早就产生了"雪"这个词。人们在进行书面表达的时候，借用了一个读音与"雪"相近的字，那就是"彗"。当人们终于感觉到借用它来表示"雪"并不是很方便的时候，就要设法为它添上一个能够提示意义的偏旁。由于雪属于降水，而当时已有的字里，表示降水的只有"雨"字，所以就让"雨"字来充当表意偏旁了。大约在秦汉之际，出现了一种简体，"彗"旁的两个"生"形被省略掉了，这正是今天通行的简化字形的出处。

【"雪"字形源流】

夏季的暴雨往往夹带着大大小小的冰雹，对农作物造成极大的损害，商代人会祈求上帝保佑不下冰雹：

丁丑卜，争贞：不雹？帝唯其……

这条卜辞的大意是：丁丑这一天占卜，一个名字叫争的人代为卜问，上帝会不会保佑我们不下冰雹呢？

图1-11　卜问是否会下冰雹的甲骨卜辞 《甲骨文合集》14156

　　甲骨文中的"雹"字上面是"雨"旁,意味着冰雹是降水的一种,下面的几个菱形轮廓就是冰雹的象形图案。战国时期,冰雹之形被讹写成"目"形,与此同时,人们还给"雹"字加上了一个"勹"(bāo)旁,用来表示"雹"的读音。后来,干脆用表音的"包"字来取代表示冰雹形象的几个菱形,从此,"雹"就从表意字变成了形声字。

| 商代甲骨文 | 战国古文 | 《说文》小篆 | 八分 |

【"雹"字形源流】

雨过天晴，天空中有时会出现七色斑斓的彩虹。中国古代关于彩虹的最早的文字记载就在甲骨文里：

　　　　……有出虹自北，饮于河。

这句话说的是：有一道彩虹出现在北边的天空中，一直延伸到黄河里喝水。

图 1-12　有关虹的甲骨卜辞　《甲骨文合集》10405 反面

　　古人看见时隐时现的虹桥，于是浮想联翩，把它看作有灵性的神物，能够低头喝河水。有人把它描述成两边各有一个头的神兽，也有人把它想象成雌雄两只神兽在交尾。在马王堆帛书《天文气象杂占》中，虹的形象是一只躯干狭长、有四肢的神兽，并且能够主宰世事：

　　　　赤虹，冬出，冬雷，不利人主；白虹，出，邦君死之。

这句话的意思是：赤虹在冬天出现，冬天打雷，就会对一国之君不利；白虹出现，就预兆着诸侯会因此而死。

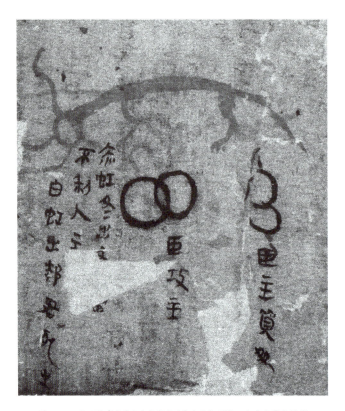

图 1-13　马王堆帛书《天文气象杂占》中的虹图像　湖南省博物馆藏

"虹"字最原始的写法就是对这些神兽形象的描绘。后来，人们才把它改成了更容易读写的形声字，用"工"旁表音，用"虫"（huí）旁表意。

商代甲骨文	《说文》小篆	楷书

【"虹"字形源流】

"虹"字的"虫"旁与"蟲"的简化字"虫"（chóng）有所不同，它相当于今天的"虺"字，指的是一种体型偏小的毒蛇。"虫"最初的写法就是一条头部呈三角形的小蛇形象，三角形渐渐演变成了四边形，才有了后世常用的形体。最迟在秦汉时代，就已经有人把"虫"字当作"蟲"字用了。

商代金文	商代甲骨文	西周金文	古隶

【"虫"字形源流】

早期古文字里与天象、岁时有关的字身上有很多故事，这些字的形体特征和文化内涵向我们展现了古人对宇宙的观察和认识。我们不仅能够从中领略到古人的智慧，更能感受到古人探索自然奥秘的恒心，以及寻求与大自然和谐相处之道的不懈努力。

地理

江山如画

江山如画，一时多少豪杰。

——苏轼《念奴娇·赤壁怀古》

苏轼伫立在巍峨的赤壁之下，滚滚大江向东奔流，壮丽的河山让他想起曾在此处拉开帷幕的历史场景，眼中美景和心中豪情，无不让他诗思澎湃。而早于苏轼数千年的古人，面对生活中的奇山异水、花鸟鱼虫，虽然不曾写下动人的诗篇，但也用他们的方式记录下了上古时期的千里江山。本章以"江山如画"为题，讲述与山川河岳、花鸟鱼虫有关的汉字。

水的千姿百态

　　水在地球上的千千万万个角落以不同的形式流淌、倾泻、奔涌，在地球生命的演化过程中发挥了不可替代的作用，被人们视为生命之源。农业是中国古代社会占主导地位的经济部门，农业生产对水的依赖使人们认识到水的重要性，从而使"水"成为语言中出现频率较高的词汇。人们为了进行书面表达，就需要为它配备相应的文字。

商代甲骨文	古隶	八分

【"水"字形源流】

　　在早期古文字里，"水"字取象于流动的水，中间的一笔像蜿蜒的水脉，旁边的几个小点则像清流激石撞开的朵朵浪花。在商周到秦汉的漫长岁月里，"水"字中间的一笔逐渐趋于垂直，旁边的四点也发生了巨大的变化，由点变成横、撇、捺三种不同形态的笔画，于是"水"字不再象形，无法通过它的形体来指示现实生活中"水"这种东西，而只能凭借约定俗成的方式来和"水"这个概念发生联系。

　　水在古代中国人的心目中不仅是一种自然资源，还是先于天地万物而存在的物质，也是崇高的人格理想的化身。水在精神层面上的这些意义大都来源于先秦时期的道家思想。

1993 年，湖北省荆门市郭店村出土了一批战国时期的竹简，竹简上的文章是当时儒家和道家学派的作品，其中有一篇文章写道：

> 太一生水，水反辅太一，是以成天，天反辅太一，是以成地。……是故太一藏于水，行于时，周而或［始，以己为］万物母；一缺一盈，以己为万物经。

前面一句的意思是：宇宙的本原叫作太一，太一孕育出了水，水与太一相互作用，产生了天，然后天又与太一相互作用，产生了地。后面一句讲的是：太一的本质包含在水中，顺着时间的流动而演变。换言之，水是宇宙本原的化身，因而携带着宇宙本原的信息。《管子·水地》篇也将水看作"万物之本原"：

> 水者何也？万物之本原也，诸生之宗室〈主〉也。

不过，这句话中的"本原"没有多少抽象层面上的含义，而仅指构成万物的基本要素。《水地》篇中还有这样的表述：

> 集于天地，而藏于万物，产于金石，集于诸生，故曰水神。

也就是说，水的"神"——有时叫作"精气"——蕴含在天地万物之中，天地万物有了它才能生长，这与道家主张的太一孕育水继而孳乳万物的宇宙生成论大不相同。

古人之所以将水与宇宙本原、万物生成直接关联起来，一个重要的原因是，水有太多与众不同的特质，而且，这些特质对人们修身处事具有重要的启发意义。《老子》多次谈及这一话题，比如：

上善若水。水善利万物而不争，
处众人之所恶，故几于道。

天下莫柔弱于水，而攻坚强者莫
之能胜，以其无以易之。

第一句是说：水作为大地的血脉，滋润着
世间万物，却不争功好胜，甘愿往低处流，
因此能够接近"道"的境界。暗喻顺其自
然、无欲不争才能成事。第二句的意思是：
水虽然柔弱，但滴水却能穿石，适度的柔
弱往往能战胜一味的强硬。隐喻虚静无为
才能无往不胜。

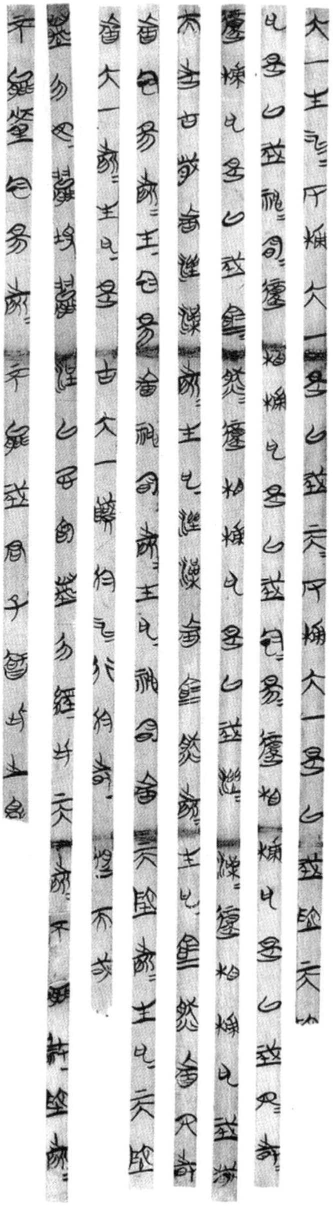

自然界不同形式的水各成方圆，人们
仰观俯察，取象造字，以大江奔涌之象造
"川"字，以细水长流之象造"永"字，以清
流出山之象造"泉"字……

甲骨文里的"川"字生动形象地描绘了
大水穿地而流的情景，以表示"大江""大
河"的意思。中间流动的水既有用几个点来
表示的，也有把几个点连成一线的，恰巧
后一种写法被沿袭了下来。秦汉以后，曲
线逐渐趋直。

图 2-1 郭店楚简《太一生水》简 1-8
荆州市博物馆藏

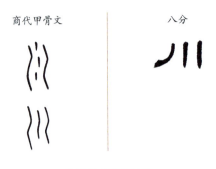

【"川"字形源流】

　　细小的支流夜以继日地奔向干流，永不止息，人们把这样的景象描摹下来，就成了"永"字。"永"最早的字形正是两条支流和一条干流的形象，表达细水长流的意思。《诗经·汉广》中有一句"江之永矣"，其中的"永"就是当悠长讲的。"永"字后来常用的长久一类意思正源于此。

【"永"字形源流】

　　人们有时在"永"字左边添上一个弯曲的笔画(仒)，这个笔画同样是在模拟细长的径流。西周以后，它偶尔会被添上一个"止"旁，象征河水流动，不过这个"止"旁很快就被淘汰了。汉代以来，笔画在提高书写效率的要求下被拉直，这使得"永"字完全失去了以形表意的条件。

商代甲骨文　　　秦篆　　　八分

【"衍"字形源流】

　　"永"的早期字形不仅可以表示语言中"永"这个词，还能表示"衍"这个词。"衍"最初的意思是水脉漫布、流衍四方，与"永"的含义有一定的共通之处。人们觉察到一形多用会造成阅读理解上的麻烦，才想办法把它们分开。具体的操作方法是，在原来的字形基础上，把径流旁边的一笔改成三个小点或"彳"旁，用来专门表示"衍"。三个小点仍然表示水流，而"彳"旁一般表示行动的意思，在这里表示水的流动。之所以选择"彳"旁，还有一个原因是，干流之形左边的支流形似"彳"旁，在右边加"彳"旁除了有表示含义的功能外，还能使字形更具对称感。这样一改，既能把"衍"字和"永"字区分开来，又能保持表意的明确性。

　　"衍"字的演变不同于"永"字，它中间像干流的一笔演变成了"氵"，右边写作水形小点的形体后来被淘汰了，写成"彳"的形体被继承了下来，演变成"亍"，而左边的支流之形也配合着右边，彻底变成了"彳"。

　　曾与"永"共用一个形体的字除了"衍"以外，还有"辰"。不过这个字几乎从未单独使用，只是充当一些字的偏旁而已，诸如"派""脈"（即"脉"）等字都以它为偏旁。

　　水中的小块陆地被称为洲，《诗经》的第一篇《关雎》的第一句写道：

关关雎鸠，在河之洲。

这句诗的意思是说，水鸟在水中的小岛上宛转地鸣叫。"洲"这个词最早的时候是用"州"字来记录的，甲骨文中的"州"字就是在"川"字中间的一笔附加一个圈，以此代表大江中间突起的高地，这一笔后来演变成了类似于"屮"的形体。秦汉以后，左边和右边的曲笔受到中间一笔的影响，也都被写成了"屮"形。三个并排的"屮"形进一步简化，就变成了"州"形。

| 商代甲骨文 | 战国古文 | 古隶 | 八分 |

【"州"字形源流】

当"州"字变得不再象形，而且被频繁地借用去表示其他含义以后，人们在"州"的左边添上"氵"旁，造出了"洲"字，专门用于表示"州"字的本义。这样一来，既为"州"字减轻了负担，也为"洲"这个词找到了更合适的书面形式。

平野之上，河川蜿蜒流淌，为大地平添几许雄秀。崇山峻岭之中，水流形态各异，未尝逊色于江海，山中之涧，山下之泉，清流激湍，映带左右。

"涧"字的古文字字形生动地描绘了一泓清水从两山之间流过的景象，然而，这种写法并没有被继承下来，因为秦汉人把"涧"字的结构改造成了以"氵"表意、以"间"表音，后世的字形即源自秦汉文字。

【"涧"字形源流】

涧水流出山谷，便是甲骨文"谷"字描绘的景象。"谷"字下面的"口"旁，象征的并不是人的口，而是山口，上面的两个"八"形是"水"字的简写或变体，之所以用一个不完整的"水"来作为"谷"的一部分，大概是因为人从山下看流经山谷的水时，视线为山石、树木所遮挡而无法看到全貌。

商代甲骨文 | 古隶

【"谷"字形源流】

在现代简化汉字里，"稻穀"的"穀"也被写成"谷"，但是，在古代，它是与"山谷"的"谷"完全不同的两个字。1935年，上海文化界呼吁推行"手头字"，所谓"手头字"就是民间的俗写字，当年2月24日的《申报》刊登了《手头字第一期字汇》，其中就把"谷"作为"穀"的俗简字收录进去了，这应该是用"谷"表示"穀"的开始。

泉水多自山谷中流出，甲骨文"泉"字的写法就像清澈冰凉的水从山上的泉眼向下流出，后来，像泉眼之形的部分演变成了"白"形，而泉流之形先变作类似于"小"的形体，然后进一步变成了"水"旁。

| 商代甲骨文 | 秦篆 | 古隶 | 八分 |

【"泉"字形源流】

泉水来自地下含水层，是生产、生活用水的重要来源，所以"水源"的"源"在构形上与"泉"有关。

| 西周金文 | 古隶 |

【"原""源"字形源流】

在上古时期，"源"这个词是用"原"字来记录的。"原"字的古文字字形就是在"泉"字的外面加了一个"厂"（hàn）旁。"厂"是山崖的象形，加"厂"旁的用意是强调泉水从山石之间流泻而出。"原"字里的"泉"旁，在战国以前与单独成字的"泉"同步演变，它们大约在汉代开始分道扬镳，"原"字里面的"泉"旁变成了上"白"下"小"之后就不再发生变化了，而"泉"字则继续向着上"白"下"水"的方向演变。由于"原"字的"泉"旁已经不再象形，人们很难通过它的外形来联想到它的含义，于是在"原"字的左边另外添加了"氵"旁，来弥补新字形在表意上的缺陷，这就是"源"字的来源。

清泉沿着山谷流泻到山下，一部分汇聚在深潭之中。山下的深潭叫作"渊"，"渊"的古文字字形就像潭中有水，中间的小点象征的正是水，周边的笔画象征潭岸。

| 商代甲骨文 | 西周金文 | 秦篆 | 战国古文 | 八分 |

【"渊"字形源流】

　　早期古文字中的"渊"字既有只画出左右两岸的，也有把四边都画齐的。为了使表意更加明确，人们为原始字形添上了一个"氵"旁。有"氵"旁和没有"氵"旁的字形共存了相当长一段时间，到了春秋战国时期，东方国家的"渊"字继承了没有"氵"旁的写法，而中间的流水之形也都还比较清楚，但秦人笔下的"渊"字却并非如此，他们继承的是有"氵"旁的一种，而且，右边的部分历经演变之后已经不再像一泓清潭之形了，只能依靠"氵"旁来提示意义。秦统一六国以后，随着"书同文字"政策的实施，没有"氵"旁的"渊"字渐渐退出了历史舞台。

横看成岭侧成峰

华夏版图中不仅有大江大河，还有层峦叠嶂，水的灵动和山的沉稳共同造就了独具情韵的大好风光。

商代甲骨文	西周金文	古隶	八分

【"山"字形源流】

古人把一座座山峰相连的景观描绘下来，用来表示语言中的词"山"。商代金文里的"山"字由三座并排的山峰组成，象形程度极高。同时期的甲骨文的情况就大不相同了，虽然其外部轮廓与金文一致，但在具体的表现手法上，却改金文的填实为双钩。造成这种差异最重要的原因是载体的不同和制作工艺的不同：金文是铸造在青铜器上的，对各种各样的复杂线条和图案的兼容度比较高，所以能够做出填实的图形；甲骨文是契刻在坚硬的龟甲或兽骨上的，非常费力，所以对于一些象形程度高的字，只能勾勒轮廓，而无法把图案轮廓内部挖空，这直观地反映了甲骨文的简俗特征。

"山"字三座山峰的形象后来被简化成了三竖，唯独中间的一笔有时候会在一定程度上保留一点山峰的影子。

山有低有高，低矮的小山被称为"丘"，高峻的大山则被称为"岳"。

"山"字由三座山峰的形象组成，而"丘"字则由两座并排的山峰组成，这种区别的用意大概是通过减少一座山峰的方式来表明它不如一般的山高吧。后来，两座山峰的形象逐渐演变成"北"形，到了秦汉之际，"北"形的两个短小的笔画分别变成了撇画和横画。

【"丘"字形源流】

山崖往往有自然形成或人工建造的石阶，人们用山有石阶的形象来记录语言中的词汇"阜"，甲骨文"阜"字的三个三角形便代表石阶。三层石阶后来简化成两层，最底下的一层用一横来代替，这个演变过程大约在汉代就接近完成了。

【"阜"字形源流】

汉晋以降，当"阜"字用作偏旁的时候，最底下的一层石阶的形象就直接被省略掉了，这就是"阝"旁的来源。反过来说，很多"阝"旁的字都与山崖有一定的关系，例如，"陟"意为登山，"降"意为下山。

上古时期，人们多聚居在华北一带。华北地区的山以石山为主，土山相对来说比较少。因此，大块的石头常常能够出现在当时人的视野中。人们便直接用石头的形象来为它们的名称造字，这就是"石"字。"石"字最早的写法就像一块有三个棱角的石头的模样，后来人们在它的下面加上一个"口"形，大概并不表示什么实际意义。西周时期，三棱石之形就已经被"厂"形代替了。

| 商代甲骨文 | 西周金文 | 八分 | 楷书 |

【"石"字形源流】

古人把城外的空间分成几个相邻的地带。距离城市最近的地带叫作"郊"，相当于今天城市的近郊；比"郊"更远的叫作"牧"，是用来放牧的地方；比"牧"更远的叫作"野"，就是野外的意思；比"野"更远的叫作"林"，是森林所在的地方；再远的地方就叫作"坰"（jiǒng）。古人以城市为中心向远处眺望，能够看到高高低低的山陵分布在"野"以外的地带。

| 商代甲骨文 | 战国古文 | 秦篆 | 八分 |

【"野"字形源流】

　　早期古文字里的"野"字由"林"和"土"组成，写作"埜"，这个字形形象地描绘出了植物丛生于土坡之上的景象。战国时期，秦人独辟蹊径，给"埜"字另加上了一个表音偏旁——"予"（🅰），有时候还将表意偏旁"林"换成"田"（🅱），造出"野"字，这个字形表明野外之地不仅有山坡和树林，还有农田，反映了当时人开垦耕地的成果。秦始皇的"书同文字"政策中有一条细则就是废除"埜"字，以前用"埜"字来表示的词，此后统一改用"野"字。

　　"野"字刚出现的时候，还不是像现在一样的左右结构，更多地被写成"田"和"予"在上，"土"在下，东汉以后才相对固定地把"田"和"土"结合在一起，把"予"写在右边。

一枝一叶总关情

　　一碧万顷的草原、漫山遍野的绿茵也都是古人的生活空间，留存着古人日常生活的种种痕迹，于是，草成了中国古典文学中最早出现、使用最广的意象之一。"王孙游兮不归，春草生兮萋萋"，汉代淮南王刘安门客笔下的这句诗，用一年一度变绿的草反衬王孙多年不得归，使青青小草背负了沉重的惆怅，染上了凄美的色彩。八百年后，王维在山中送别好友，暗生离愁别绪之际，化用此句，写下了更有名的"春草明年绿，王孙归不归"。

　　当然，生活在更早的时代里的先民未必会对着一片绿野触景伤情，他们面对大自然的馈赠能够做出的回应之一就是造字，与草有关的一系列古文字集中地展现了上古时期人们驰骋在一碧万顷的草野上的想象力。

　　单株花草的茎部往往比较柔弱，人们根据这一特征去造了一个表示"草"的字(Ψ)，下部像根须，上部用三个弯曲的笔画来表示柔嫩的茎叶随风摇曳，这就是"屮"字。两个"屮"合起来就是"艸"，不过，在商周时代，"屮"和"艸"用起来并没有多少区别。偏旁里的"艹"就是由"艸"演变而来的，"艸"被用作偏旁置于字的上方时，通常就会被写得比单独的"艸"字扁得多，因为要把它压扁来写，所以纵向的笔画要尽可能地缩短，所以长的两个竖画变短，短的四个竖画就趋于消失，"艸"形变成了两个"十"形，两个"十"形连在一起，就成了"艹"。

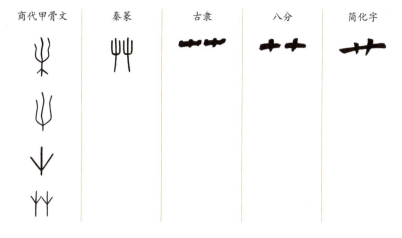

商代甲骨文	秦篆	古隶	八分	简化字

【"艹"字形源流】

　　单独的"艸"字后来是怎么被"草"字替代的呢？"草"字原本指的是一种像栗子一样的果实，叫作草（zào）斗。草斗与植物有关，所以"草"字就以"艸"旁为表意偏旁，而下面的"早"字则是一个表音偏旁。因为形声字比象形文字更容易读，只需要认识半边就能大致猜出整个字的读音，所以人们乐于用形声字代替象形字，这也就是"艸"字被"草"字取代的原因。由于"草"字被借用去表示"艸"字原来要表示的含义，所以它自己本来的意义就被分给了另一个在它的形体基础上新造的字——"皂"，"皂"字后来演变成了"皂"。

　　不仅一个"屮"和两个"屮"能够表示"草"，三个"屮"、四个"屮"表示的还是草。我们知道，"屮"形作为偏旁的时候会被压扁成"十"形，因此，三个"屮"组成的字最终演变而成的样子就是"卉"。"卉"是草类的总称，有一个常用的词叫"花卉"，当我们提起这个词的时候大概不太会去想"卉"是什么意思，但是我们回头追溯"卉"字的形体源流，就知道"花卉"其实相当于"花草"。

　　四个"屮"以上下各两个的方式叠起来，就是"茻"（mǎng）字，"茻"的意思是杂草丛生。这个字并未出现在较早的古文字遗迹中，在商周时期它是否能够单独成字，还是一个谜。不过，以它为偏旁的字却并不少，"莽"字就是一个例子。"莽"字的甲骨文字形描绘了一只狗在草丛中奔跑的场景，有些文字学家认为它就是"芔"字派生出来的，其基本结构在今天的楷书字形中仍然被完整地保留着。

| 商代甲骨文 | 《说文》小篆 | 楷书 |

【"莽"字形源流】

如前所述，"野"的外围地带叫作"林"，是森林所在的地方，几乎完全被植被覆盖。森林由各种树木组成，"林"字用两个"木"来代表树木之多。单独的一个"木"字的甲骨文字形就像一棵树，上面的两个斜画和中间的竖画代表向不同方向伸展的树枝，下面的斜画和中间的竖画代表深深地扎进地下的树根，中间的一竖同时还表示树干。像两根树枝的两个斜画被拉平而成一横以后，"木"字的字形演变过程就结束了。

| 商代甲骨文 | 《说文》小篆 | 古隶 |

【"木"字形源流】

人们在"木"字像树根的地方画一个小短横作为记号，造出了一个新字——"本"，在树根处做标记的用意是强调"树根"这一含义。也就是说，"本"最初的意义是树根，后来它的意义范围扩大到指一切事物的根，人们总说"根本"，实际上"根"与"本"是同义词。

战国古文　　　古隶

【"本"字形源流】

　　同样的标记加在"木"的顶端，就变成了另外一个字——"末"。"木"字竖画顶端表示的是树枝的末端，所以"末"最初的意思是树的末梢。与"本"字一样，"末"的意义范围也经历了一个扩大的过程，最后被用来指一切事物中居于最次要地位的因素或在序列中居于最后的事物。原先用作标记的短横后来慢慢变成了长横。

战国古文　　　古隶　　　八分

【"末"字形源流】

　　树梢和树根都可以用一个小短横来标记，这是因为"木"字把这两个部位都刻画出来了，树叶没有被"木"字表现出来，那么，人们怎么表示树叶呢？虽然无法用符号来标记，但是可以在"木"字像树枝的笔画末端直接画上树叶，"叶"字的早期古文字字形正是如此，如果把这个字形按照偏旁严格对应的方式转写成楷书，它应该写作"枼"。后来，人们为了进一步表明它的植物属性，才在上面添加"艹"旁。

春秋金文	古隶	八分

【"叶"字形源流】

　　"葉"是如何简化成"叶"的呢？"叶"字一开始的时候和"葉"并没有什么关系，它是"协"的另一种写法，用法与"协"字相同。由于"叶"字的读音与"葉"字相似，有时候会被借去表示"葉"，所以，在二十世纪五十年代的异体字整理和汉字简化工作中，人们就把"葉"字并入了"叶"字。

　　树叶"一岁一枯荣"，所以"叶"字能够引申出"世代"的意思。"世"字的早期古文字字形就是"枼"的上半部分，所以说"世"是由"枼"分割出来的一个字。秦汉以后，三个像树枝的竖画上像叶子的几笔被人们连成了一横。

西周金文	战国古文	秦篆	古隶	楷书

【"世"字形源流】

　　"片"最初的意思是木片，木片是通过剖解树木做成的，所以"片"字的古文字字形就是把"木"字砍掉一半的样子。

| 战国古文 | 古隶 | 楷书 |

【"片"字形源流】

　　人在树荫下休息，便是"休"字的早期古文字字形描摹的情景，它的一边是侧立的人形，另一边是"木"旁。不过，"休"字的"木"旁与一般的"木"略有不同，它的顶部向"人"旁所在的方向弯曲，以此来表明树荫遮罩在人的头顶上。不过，随着字形演变，这种与众不同的"木"旁很快就"泯然众木"了。

| 西周金文 | 古隶 | 八分 |

【"休"字形源流】

　　"休"最初的意思是人在树荫下休息，这种意思后来发生了分化，或仅指休息，或仅指树荫。休息即停止工作，因此引申出停止的意思。树荫有遮风挡雨的庇护作用，所以进一步引申出荫庇的意思。

　　树林中的树木种类繁多，人们为它们的名称造字时，有时会在已有的字里选取一个读音相似的，然后直接加上一个"木"旁或"艹"旁，但表意更明确的方法无疑是描绘某种树木的整体或局部，比如"竹"和"桑"，就是用这种方法造的字。

　　"竹"字的古文字字形像两簇下垂的竹叶，每一簇有三片叶子，呈"个"字形排开。从历经多番演变后的楷书字形中，仍然不难看出它当初的面貌。

| 商代甲骨文 | 战国古文 | 古隶 | 八分 |

【"竹"字形源流】

竹在中国文化中有着崇高的地位。一方面，它满足了人们衣食住行的多方面需求，正如苏轼在困顿的贬谪生涯中写道：

> 食者竹笋，庇者竹瓦，载者竹筏，爨者竹薪，衣者竹被，书者竹纸，履者竹鞋，真可谓不可一日无此君也。

其中尤为重要的是，竹是制造竹简和纸张这两种历史上最主要的书写材料的原料，这使得竹与中国文化产生了紧密的关联，获得文人墨客的广泛关注。另一方面，它被赋予了丰富的美学内涵和深刻的伦理寓意。《诗经·淇奥》以"绿竹猗猗""绿竹青青""绿竹如箦"起兴，歌颂博雅君子的精神面貌，大概是最早将竹与人类的高尚品格联系起来的实例之一。包括《淇奥》在内的早期咏竹文本，启发了后世文人墨客从不同的角度赞美竹的君子之风。东晋江逌说它暗合道体："含虚中以象道，体圆质以仪天。"元代赵孟頫说它虚心有节而坚守本色："虚其心，实其节，贯四时而不改柯易叶。"清代郑燮则说它坚忍不拔："千磨万击还坚劲，任尔东西南北风。"

上古时期，与大众日常生产、生活关系最为密切的树大概是桑树，因为养蚕是古代农业的一项重要内容，而桑叶是蚕的主要食物来源，人们出于养蚕的需要频繁地采摘桑叶。战国时期，采桑图被用来装饰青铜器，1965年四川省成都市百花潭出土的战国铜壶就是一个典型的例子，铜壶上的图像显示，人们把篮筐挂在茂盛的桑树上，有的人在采摘桑叶，有的人在传递满载桑叶的篮筐。汉代的画像石中也经常能够见到采桑图，而在宋代以后的各种图像里，采桑这一活动的表现形式更趋丰富。采桑之所以能够成为中国美术史上经久不衰的题材，是因为这一活动在中国古代社会生活中备受重视。

图2-2　四川百花潭出土战国铜壶上的采桑图像（摹本）

图2-3　山东武氏祠汉画像石中的采桑图像

如前所述，桑树在古人眼里自与别的树有所不同。这种不同反映到了造字上来，其他各种树的名称对应的字大都是通过在表意偏旁"木"的旁边添上一个仅仅表音的偏旁来造的，但"桑"字是个象形字，是直接在"木"字像树枝的几笔上添加桑叶的形象而造出来的。到了战国时期，秦人把像桑叶的部分和作为字形主体的"木"割离开了，桑叶之形与象征植物的"屮"旁形体相似，意义也相关，于是三簇桑叶的形象就很自然地演变成了三个"屮"形，又因为"屮"与"又"写法相近，而在秦汉隶书中，"又"字只需要两笔就可以写成，"屮"字则要分三笔才能写成，人们为了书写便捷，就用"又"形取代了"屮"形。

商代甲骨文   秦篆   古隶   楷书

【"桑"字形源流】

有几个字的形体与"桑"关系非常密切，它们就是"丧""罒"和"噩"。

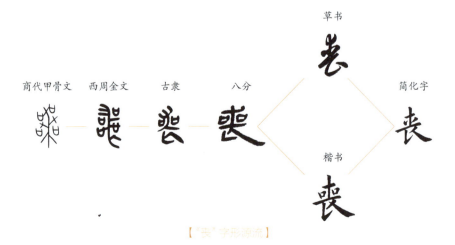

商代甲骨文   西周金文   古隶   八分   草书   简化字   楷书

【"丧"字形源流】

人们在"桑"字的基础上添加几个"口"旁，造出一个新字，用来表示地名，这就是"丧"字。新加上的"口"旁没有实际意义，只是一个用来区别于一般的"桑"字的符号，其数量少则两个，多则四五个。以"桑"为声旁的"丧"字除了作地名以外，同时也表示亡失、失去一类意思。后来，"桑"形渐渐变得面目全非，失去表音的功能，于是人们就把底部改写成"亡"，既能表音，同时也能够表示亡失、失去的意义。秦汉以后，原来的"桑"形进一步简化，"口"固定地减至两个，笔画均被拉直，从隶书演变为楷书。

　　"口"旁在草书中可以用一点来代替，所以，"丧"字的草书写法中，两个"口"就被写作两点，成为简化字形体的直接来源。

　　因为在上古时期"丧"的读音和"咢""噩"相近，所以"丧"的甲骨文字形常常会被借用去表示"咢"和"噩"。

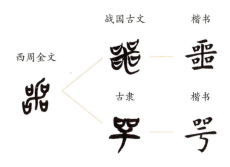

【"咢""噩"字形源流】

　　不过，西周以后，表示"咢"和"噩"的字形就与表示"丧"的字形走上了不同的演变道路，其中的"桑"字逐渐退化成了类似于"十"的形体。战国时期，楚人笔下的"丧"字保留了四个"口"，而秦人所写的字形只留下了两个"口"，秦楚的不同写法继续发展的结果就是"噩"和"咢"分化成了两个不同的字——楚文字的字形成为"噩"的来源，秦文字的字形则是"咢"的来源。

　　姹紫嫣红的花丛点缀在山野之间，暮春风吹柳花，盛夏莲叶接天，清秋露湿丹桂，寒冬腊梅傲雪，它们在时间的轮回中接力，在属于自己的时节里展现着绰约的风姿，愉悦着人们的眼眸和心神。

西周金文　　秦篆　　古隶　　八分　　楷书　　楷书

【"花""华"字形源流】

　　"花"字的早期古文字字形就像一朵怒放的鲜花，上面的五个分叉象征着五片花瓣，也有一些文字学家认为顶上的一笔象征含苞待放的花蕾，下面的四个分叉象征叶子。无论怎么说，早期古文字里的"花"字都可以被看作一朵花的形象。因为花是植物，所以人们在它的上面加上"艹"旁。当笔画被拉伸成水平方向和垂直方向的线后，就成了"华"的繁体"華"。

　　以"化"为表音偏旁的"花"字大约产生于东汉时期，它是当时人们按照形声字的规律造出来的。至于简化字"华"，它底下的"十"形来源于它的古文字形体，用"化"这个表音偏旁来替代原有的繁复笔画则是现代人的创举。因为"華"是由"花"的原始字形加上"艹"旁衍生出来的一个字，所以，在较晚的古书里，仍然可以看到"花"和"華"这两个字相互通用的情形。

　　古人已经能够认识花的各个器官，并且给它们起了专门的名字，进而为这些名字配备了象形的文字。

花朵最外一轮的叶状构造今天一般叫作花萼，古人则把花朵和枝茎相连处包括花萼、子房等器官在内的部分称为花蒂，在语言中用"蒂"来指称它。古文字学界一种比较流行的观点认为，最早为"蒂"这个词配备的字是"帝"字，"帝"字的甲骨文字形正像倒置的枝头红萼，上面的三角形代表子房，下面分叉的三笔代表雄蕊和雌蕊，中间的部分则代表花萼。人们有时候会在最顶上的地方添加一个不表示任何意义、只起装饰作用的小短横，这个短横后来演变成了一点，保留至今。

商代甲骨文	西周金文	秦篆	八分

【"帝"字形源流】

在古文献中，"帝"字不常用来表示它原本的含义，在商周时期专门指天神，秦汉以后多指帝王。所以，人们给它添上"艹"旁，造出"蒂"字来表示"花蒂"的意思。

古人对花朵构造的了解未尝不细，这在文字方面也有所体现。古代有专门表示子房的词"柎"，这个词相对应的字最早的时候并不写作"柎"，而是我们更熟悉的一个字——"不"。《诗经》里有一首很有名的诗，题目叫《常棣》，这首诗的第一句就写道：

常棣之华，鄂不韡（wěi）韡。

这句诗包含了好几个通假字，"常"应该读作"棠"，"华"正如我们前面所讲，相当于"花"，"鄂"应该读作"萼"，这里的"不"就是子房的意思。整句诗讲的是：棠棣这种灌木的花，花萼和子房都很鲜艳美丽。这就是古人使用"不"的本义的一个例子。

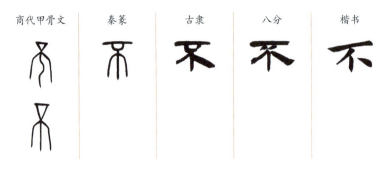

| 商代甲骨文 | 秦篆 | 古隶 | 八分 | 楷书 |

【"不"字形源流】

"不"字的甲骨文字形就是"帝"字去掉花萼部分的样子，上面是一个象征着子房的倒三角，下面是雄蕊和雌蕊。不过，"不"字在西汉以后的演变道路与"帝"字有比较大的差别，当"帝"字代表花蕊的部分变成"巾"形时，"不"字的这几笔却保留了比较原始的写法，同时，像子房的倒三角渐渐退化，仅剩下最上面的一横。虽然"不"字在演变的过程中也曾被人们在上面累加一个装饰性的短横，但后来还是淘汰掉了。

当"不"字频繁地被借用去充当否定词之后，人们才在当时与"不"字读音相似的"付"字的基础上，添加代表植物的"木"旁，造出"柎"字，来代替"不"字表示花的子房。"不"字的读音怎么会和"付"字相似呢？这就牵涉到了语音的古今变迁，上古时期没有 f、w 等唇齿音声母，唐宋以后很多唇齿音声母的字，原本都是 b、p 等双唇音声母的。"付"在上古时期并不念 fù，它的声母不是 f，而更可能是 p，所以与"不"字的读音相似。

大河上下的动物世界

　　自地球历史有地层记录以来，全球的气候都处在变化之中，地质时期有冰期与间冰期的交替，历史时期则有寒冷期与温暖期的轮换。就中国历史而言，殷商处于第一个温暖期的末期，黄河流域的气温和湿度都比现在高，年均温大约比现在高2℃，一年中最冷的一月，气温则要比现在高3-5℃，近于亚热带气候。气候条件对动植物的生存与繁衍有着至关重要的影响，温暖湿润的华北地区孕育了种类繁多的生物。天空中翱翔的鸟类、江海里潜行的龟蛇鱼鳖以及陆地上行走的兽类出现在古人的视野中，于是慢慢就拥有了名称，继而出现了与它们的名称相对应的字，下面我们选取其中常见常用的若干字进行介绍。

　　由于气候适宜，亚洲象的祖先曾经在华北平原生活过相当长的时间，所以，商代的甲骨文和金文中频繁出现"象"字以及与"象"密切相关的字。

商代甲骨文	西周金文	古隶	八分

【"象"字形源流】

象的主要体貌特征在于长鼻和长牙，在早期古文字中，"象"字的这两个特征表露无遗。代表象鼻的部分渐渐缩短，特征越发不显，后来戏剧性地演变成了所谓的"刀"头，代表象牙的笔画逐渐退化、消失，头部变成了一个扁的封闭方框状部件，代表躯体和尾巴的部分合成了下面类似于"豕"一样的结构。

考古学家在黄河流域的新石器时代地层中发现过不少象骨遗迹，而且还发现有些大象的遗骸上系着铜铃，说明当时当地不仅有野生的大象，还有经过驯化、饲养的大象。商代甲骨文中也屡屡出现猎获大象的记录。

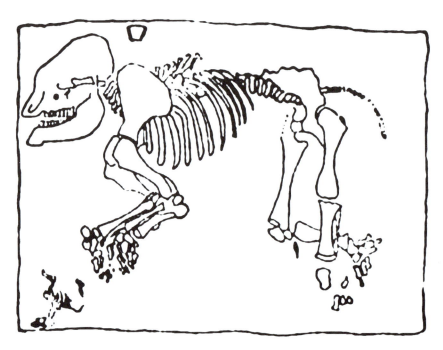

图2-4　河南殷墟出土戴铜铃的驯化大象遗骸（线图）

图 2-5　甲骨文中的"获象"记录　《甲骨文合集》10222

　　人们驯化大象来为人类服务，有一个常用字的起源即与驱使大象的行为有关，这个字就是"为"字。

商代甲骨文	西周金文	春秋金文	战国古文	古隶	八分	楷书

【"为"字形源流】

　　"为"字的甲骨文字形上面是"又"或"爪"，象征人的手，下面是"象"，表达的意思就是一只手牵着大象，驱使它干活。战国时代，"为"字的写法特别多，其中有些写法与原始的字形差别很大。比如楚人对"为"字中的"象"旁进行了大规模的简省（），用两横或者两点代替躯体和尾巴，象的形态已经不复存在，不过，象征人手的"爪"形却还完整地保留着。相比之下，秦文字对"为"字中的"象"旁的改造就显得温和多了，我们今天的简化写法就是秦汉文字草写的产物。

"鹿"字的踪影在甲骨文、金文等古文字资料中都能够见到，它的甲骨文字形像一只站立的鹿，短尾、蹄足、角有分歧等特征一应俱全。古生物学的研究表明，生活在商代都城附近的鹿是梅花鹿，这意味着甲骨文"鹿"字的形体很可能取象于梅花鹿。到了战国时代，"鹿"字就已经渐渐变得不那么象形了，头上双角之形渐渐简化为一个角。

商代甲骨文	西周金文	秦篆	古隶	八分

【"鹿"字形源流】

图 2-6 战国瓦当中的奔鹿图像

我们从小就在各种儿歌、童话里接触到兔子机智可爱的形象，其实在中国源远流长的文化传统里，兔子形象多样，上到月宫有玉兔，中到十二生肖有卯兔，下到地里有狡兔。兔子在《诗经》里的形象并不美好，被称为"狡兔"，唐代以后，兔子的形象就变得好多了，唐代诗人王建写有一首题为《小白兔》的诗：

新秋白兔大于拳，红耳霜毛趁草眠。天子不教人射杀，玉鞭遮到马蹄前。

这首诗讲的是，人们不忍猎杀可爱的小兔，连皇帝也发出了保护小动物的诏令，这可能是我国较早的猎杀野生动物禁令。

商代甲骨文	西周金文	秦篆	古隶	八分

【"兔"字形源流】

"兔"字的甲骨文字形取象于兔子，作缩颈、长耳、撅尾状，一眼看去，就像一只可爱机警的野兔在广袤无垠的原野上撒腿狂奔。跟其他象形字一样，"兔"字的甲骨文字形的方向也是不固定的，时而四脚向下，时而为适应竖行书写的需要把字形竖起来，四脚朝左或朝右。

早期古文字中表示动物名称的字往往都是按照各自所指的动物的形象来造的。比如"犬"字取象于狗的侧面图像，以向上卷曲的尾巴为主要特征；又如"虎"字像一头猛虎的侧影，以血盆大口为主要特征；再如"豹"字像金钱豹的侧视图，以分布在躯干上的圆点状斑纹为主要特征。

这些字有时作为族徽（如部落、家族的名字等）出现在商代以及西周早期的青铜器上，在这样的场合里，它们的象形程度非常高，比如"犬"字中表示躯体的部分被填实，"虎"字不仅勾勒出了老虎的轮廓，甚至因毛色杂错而形成的斑纹也被细致地刻画了出来。但是在早期甲骨文中，它们的写法反而与实物的形象颇有差距。这种差异的形成与当时人们对待某些族徽的保守态度有密切关系。

商代甲骨文	西周金文	秦篆	古隶	八分	楷书

【"虎"字形源流】

"犬"字先从填实变成双勾，然后代表腹部的一笔和代表背部的一笔合并了起来，用一根线条就代表了整个躯体，从此开始走上了远离象形的道路。"虎"字演变过程中的重大转折和"犬"字的情况基本相似，因此不再赘述。

商代甲骨文	西周金文	战国古文	秦篆	古隶	八分

【"犬"字形源流】

"豹"字的演变路径与"犬""虎"二字颇为不同，西周以降，人们为它添上了一个"勺"旁，用以表音，这一基本构形沿用至今。

| 商代甲骨文 | 西周金文 | 古隶 | 八分 |

【"豹"字形源流】

　　在文学作品中，老虎出场的时候常常伴随着一声长啸，虎发出叫声的行为后世称为"啸"，但上古时期则更多地称为"号"。

| 西周金文 | 秦篆 | 古隶 | 八分 |

【"号"字形源流】

　　"号"的繁体"號"右边是"虎"旁，隐约透露出它的本义与"虎"之间的关系。有一种说法认为，早期古文字里的"号"字是在"虎"字代表虎口的位置旁边画一条曲线，代表虎在咆哮时发出的声音。这条曲线后来演变成了"丂"形，当"虎"字已经变得不再那么象形之后，人们为了准确地表示声音是从口发出的，就另外附加了一个"口"旁，写在"丂"形的上面，至此，"號"的基本结构就形成了。战国时期，在楚人的笔下出现了一种简省的写法，即把"虎"旁省去，仅留下左边的"号"形。这种字形作为一种异体长期存在于秦汉以后的各个时期，最终为现代简化汉字所吸收。

"号"一开始大概是用来专指虎或虎一类的野兽号叫的，后来它的含义范围扩大了，它的动作主体可以是任何东西。

"鸟"字的甲骨文字形就像一只栖息着的小鸟的侧影，翅膀收敛在背上，鸟爪微微前伸，像是要抓住什么东西一样。

| 商代甲骨文 | 春秋金文 | 古隶 | 八分 |

【"鸟"字形源流】

有时候，翅膀和尾巴的羽毛会被表现得细致一些，人们用几根向右下方斜出的弧线来描绘羽毛的纹路。像爪子的部分后来演变成了四个小点，像翅羽和尾羽的部分则变成了几个横画，与像鸟头和背部轮廓的部分一起组成了"鳥"形的主体部分，同时，鸟喙变成了一撇，像鸟腹的弧线被拉直成一竖。繁体字"鳥"在宋代就出现了简化的迹象，中间的横画不断减少，最后终于被一点代替了，而由鸟爪演变而来的四点则在草书中被简写成一横，草书的这一特征后来也被简化字吸收了。经历这样的一番演变后，"鸟"字的形体与鸟的形态就有较远的距离了。

早期古文字中的"鸟"字摹拟的并不是某种特定的鸟，它所反映的特征是大部分鸟类所共有的，所以应当把它看作鸟类的总名。

在甲骨文中，表示鸟类总名的还有一个字——"隹"（zhuī）。"鸟"和"隹"这两个字在甲骨文里的意思、用法似乎都没有太明确的区别，只不过局部笔画的写法略有不同而已。在接下来的演变过程中，它们之间的差异才进一步扩大，"隹"字像鸟腹的一笔同样被拉直成竖画，翅羽和脚最后都变成了横画。

| 商代甲骨文 | 商代金文 | 秦篆 | 八分 |

【"隹"字形源流】

不少种类的鸟都是群居的，因此人们常常能够看到两只鸟双宿双栖的情景。这一情景被古人记录下来，就成了"雠"（chóu）字早期古文字字形的直接来源，"雠"最初的意思就是匹配、对偶。后来，左边的"隹"形不再向右，其方向被改成与右边的"隹"一致，使得"雠"字的象形程度大大降低，丧失了以形表意的功能。

| 商代金文 | 《说文》小篆 |

【"雠"字形源流】

"雠"字现在已经不太常用了，不过，一些与它有关的字却仍然为人所熟知，销售的"售"字就是一例。"售"为什么会念 shòu 呢？其实，"售"字曾经是"雠"（chóu）字的一种特殊写法。"雠"是以"雠"为表音偏旁的一个字，最早是应答、对答的意思，后来引申出校对、怨恨、买卖等含义，这些行为都是需要两方互相配合才能完成的。《史记·高祖本纪》里有这么一句话：

　　高祖每酤（gū）留饮，酒雠数倍。

这句话的意思是：汉高祖刘邦每次留在酒楼里喝酒，酒楼就能卖出比平时多好几倍的酒。其中"雠"就是卖的意思，这种意思的"雠"后来都被写作"售"。

　　那么，"售"字的字形又是从哪里来的呢？在古代汉字中，"口"旁和"言"旁往往是可以互相替代的，比如"喧哗"在古代也可以写作"諠譁"，同理，"雠"字的"言"旁也可以写作"口"旁。"口"旁的形状比较宽，写在两个"隹"的中间有碍美观，所以就被移到下面了，然后，两个"隹"再简化成一个，"售"字的字形就出现了。"售"字出现以后，就专门用来表示买卖的意思，而"雠"字则不再表示这一含义，专门指校对文字。

　　鸟群飞来之时，翅膀有规律地扇动，会发出"霍霍"的巨响，人们往往先闻其声，后见其踪。"霍"字最初的字形描摹的就是鸟群遇雨低飞的场景，"雨"旁和像鸟的"隹"旁至今犹存，只不过表示群鸟的三个"隹"简省成了一个而已。

商代甲骨文	西周金文	《说文》小篆	八分

【"霍"字形源流】

　　鸟在翱翔天际之余，还会绕树三匝，纠结何枝可依。鸟降落到树枝上栖息的情景被描摹下来，就成了"集"字的古文字字形的来源。"集"字自古以来就写作上"隹"下"木"之形，基本结构至今未变，变化的只是"隹"和"木"各自的形态，它们随着独立成字的"隹"和"木"演变而演变。

| 商代甲骨文 | 西周金文 | 草隶 |

【"集"字形源流】

　　表示某种鸟类专名且沿用至今的字并不多，较有典型意义的当属"鸡"字。

　　鸡的驯化历史悠久，所以早期古文字里一定会有"鸡"字。甲骨文里的"鸡"字把雄鸡的特征描摹得非常逼真，与一般的"鸟"形大不相同。硕大的鸡冠宛如钢盔上的红缨，威武飒爽，鸡喙微张，似乎正要引吭高歌。后来，人们在象形字的基础上加了一个表音偏旁"奚"。有了"奚"旁，"鸡"字就达到了与一般的"鸟"形相区别的目的，也就没有必要把鸡的形象表现得过于具体细致，所以人们就干脆用一般的"鸟"形或"隹"形来充当它表意的偏旁了。由"奚"和"隹"（或"鸟"）组成的字形结构在古代长期沿用，直到清代，才出现了左"又"右"鸟"的简化字形。

| 商代甲骨文 | 古隶 |

【"鸡"字形源流】

在人们的观念中，鸡是众鸟之中最擅长鸣叫的一种，所以"鸣"字最初的形体就是在"鸡"的象形字中像喙部的部位，加一个表示发出声音的"口"旁。后来，右边的"鸡"形也就类化成了一般的"鸟"形，其演变也与独立的"鸟"字同步。

| 商代甲骨文 | 秦篆 | 古隶 | 八分 |

【"鸣"字形源流】

在鸟的象形文字"隹"字中代表胸部的位置画一个圈，作为指示符号，这样造出来的字——"膺"（yīng）就可以用来表示"胸部"的意思。后来，作为指示符号的小圈简化为一个短竖。在秦汉以后，受到当时的"隹"字左边的"亻"旁影响，短竖也变成了"亻"旁。下面累增的"月"旁说明"膺"与身体有关，与身体有关的字往往都会有一个"月"旁，它们都是由"肉"旁变来的。当然，"膺"后来并不仅仅指鸟的胸部，它的含义发生了泛化，可以用来指所有动物（包括人）的胸部。

| 商代甲骨文 | 西周金文 | 古隶 | 八分 |

【"膺"字形源流】

指示作为一种造字方法非常简单实用，但并不是万能的。比如说，"鸟"字和"隹"字的字形表现的是鸟翅膀不完全张开的形象，如果要造一个表示翅膀的字，就不能通过指示符号来实现了。于是，人们只好单独把翅膀画出来。鸟的翅膀覆盖着羽毛，画起来恐怕难度比较大，古人想到，鸟类和一部分昆虫都有翅膀，既然鸟的翅膀不好画，那么就干脆用昆虫的羽翼来代表所有的翅膀，这样就造出了"翼"字。"翼"字最初的字形就像纹理纵横的虫翼之形，我们现在使用的上"羽"下"異"的字形是后来才出现的形声字，其中"羽"是表意偏旁，"異"是表音偏旁。

| 商代甲骨文 | 春秋金文 | 古隶 | 八分 |

【"翼"字形源流】

在水生动物中，最为人们所熟知的是鱼类。早在五六万年前，先民们就开始捕食鱼类了，考古工作者在松花江畔的安图人洞穴遗址里发现了原始的捕鱼工具，在其他一些新石器时代遗址中也发现了骨制鱼钩和鱼叉等遗物，当时的陶罐也往往用鱼形纹样来装饰。

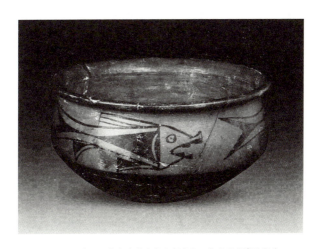

图 2-7　陕西西安半坡出土鱼纹彩陶盆　中国国家博物馆藏

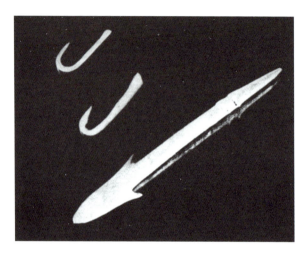

图2-8　陕西西安半坡出土骨制鱼钩和鱼叉　西安半坡博物馆藏

"鱼"字也是一个象形字，它的早期古文字字形把鱼头、鱼尾、鱼鳞、鱼鳍都描绘出来了，使人联想到一条肥硕的鱼在水里悠然无碍地畅游的情景。

西周金文	古隶	草隶	八分

【"鱼"字形源流】

后来，代表鱼头的部分渐渐向"刀"形靠拢，鱼尾则变成了"火"形。用"刀"和"火"来代替原部件一方面是因为它们与原部件形近，另一方面是因为"刀"和"火"都是人们常见常用的文字构件，更便于识读与书写。像这样用能够单独成字的部件代替与之形近的不能单独成字的部件的情况，在文字发展的进程中比比皆是。

当人们要用"鱼"字来表示国名、地名，或者借用去表示其他一些与"鱼"关系并不那么密切的含义时，就觉得有必要把表示这些含义的"鱼"和原原本本的"鱼"进行简单的区分。人们想出来的区分办法是在"鱼"的下面添加一个不表示任何意义、仅仅作为区别符号的"口"旁，这样一来，一个新的字就诞生了，这就是"鲁"字。

"鲁"字上部的"鱼"旁中像鱼尾分叉的部位，往往会和下面的"口"旁粘连在一起，组成一个类似于古文字中的"甘"的形体，汉代以后，"甘"旁的写法变得与"曰"相近，于是原来的"口"旁到东汉时代就变成了"曰"形。"鲁"字在当时的读音与"鱼"字相去无几，不过，后来由于语音的演变，它和"鱼"字的读音往不同的方向发展。

| 商代甲骨文 | 西周金文 | 战国古文 | 古隶 | 八分 |

【"鲁"字形源流】

虽然秦汉以后"鱼"字和"鲁"字的形体已经有了明确的区分，但魏晋时代这两个字仍会混淆，东晋著名的道士葛洪在他的著作《抱朴子》中引用了当时的一条谚语：

书三写，鱼成鲁，虚成虎。

这条谚语的意思是说：书籍经过辗转传抄，就会出现许多错别字，比如说把"鱼"抄成"鲁"，把"虚"抄成"虎"。《吕氏春秋》中也记载过类似的情形：

> 有读史记者曰："晋师三豕涉河。"子夏曰："非也，是己亥也。夫'己'与'三'相近，'豕'与'亥'相似。"

这里的"史记"不是指司马迁所撰的《史记》，大概是泛指历史著作。子夏指出，因为"己"和"三"、"豕"和"亥"的形体相近，所以很容易因书籍辗转抄而互相混淆。从《抱朴子》和《吕氏春秋》里的这两段谈论书籍传抄导致文本错乱的话，人们总结出一个成语，叫作"鱼鲁豕亥"，现在多指错字连篇，不堪卒读。

前面谈到，两只鸟聚在一起是"雠"，同理，两条鱼聚在一起也能组成一个新的字——"䲒"。与"雠"字不同的是，"䲒"的古文字字形是上下结构，由一上一下的两个"鱼"字组成，它们彼此头部相接，像两条在水中畅游的鱼不期而遇。因此，"䲒"最初的含义就是"遇到"。因为鱼要游动才能相遇，所以后来人们为它加上与行动之意有关的"辶"旁，写作"遘"。经过长期的演变，两个"鱼"形也变得越来越不像鱼了。

商代甲骨文	西周金文	八分

【"䲒""遘"字形源流】

水生动物除了鱼类还有甲壳类，常见的甲壳类动物有龟、虾、蟹等。我们在这里谈谈"龟"字。

| 商代甲骨文 | 《说文》小篆 | 八分 | 楷书 |

【"龟"字形源流】

在甲骨文中，"龟"字有两种写法。一种模拟的是正在爬行的乌龟的俯视图，不仅把四肢、指爪、首尾都表现得栩栩如生，有时还会描绘出背甲上的纹理，当然，这种描绘并非像工笔画一样写实，只是用一个"X"形来作为一种象征。另一种写法则取象于侧视图，带指爪形的四肢在左，由于侧视的缘故，只画出了靠近观察点的那两只脚，背甲因为是龟最具特征的部位，所以需要着重表现，作夸张的隆起状，躯体则被简化成一条直线。

后世所沿用的是取象于侧视图的一种写法。代表龟之躯体的直线后来就变成了"乚"，而两只带指爪的脚则成了两个类似于"又"形的部件，其横画穿过"乚"而与由背甲变来的部件相连，代表头部的部分也已辗转演变成一个与原始形体差别甚大的部件。

浅水中还有蛇的身影。蛇在古人心目中的象征意义几经变迁。在先秦时代，梦见蛇会被认为是要生女的预兆，《诗经》中有一首题为《斯干》的诗，里面有一句"维虺维蛇，女子之祥"，说的就是这个意思。而在秦代，梦见蛇却被认为不是什么好事。2007 年，湖南大学岳麓书院从香港文物市场购藏秦简两千余枚，其中有一篇以解梦为主要内容的《占梦书》，里面提到，梦见蛇就意味着会遭到蚊子、马蜂一类昆虫叮咬。

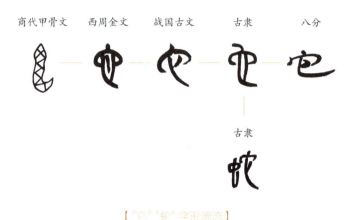

商代甲骨文　　西周金文　　战国古文　　　古隶　　　　八分

古隶

【"它""蛇"字形源流】

　　早期古文字里没有"蛇"字，语言中的"蛇"这个词是用"它"字来记录的。"它"最初的形体就是一条蛇的形象，前半身竖立起来，头部高昂，身上的花纹被人们抽象地描绘成了网格状。后来，遍布蛇身的网格被简化成了一个短竖，头部则被写得异常硕大，足以把躯体罩住。在战国时代许多国家的文字里，"它"字中代表蛇头的部分渐渐变得与"宀"旁的写法相近，而躯体的轮廓则变为"乚"和一个短撇，中间的短竖被忽略。

　　到了秦代，"它"字的形体已经不再那么像蛇了，人们为了让它依旧能够明确地表示其含义，就在它的左边加上了一个"虫"（huí）旁，变成了形声字。

　　水更浅的潮湿地带栖息着许多非水生但亲水的动物种类，蝎子就是其中一种。甲骨文中就出现了蝎子的象形文字——"萬"，这个字形把蝎子最明显的特征——两个肆意挥舞的钳子表现出来了。在甲骨文中，我们就已经能够看到"萬"字被借用去表示数目"万"的例子。西周、春秋时期的金文字形出现了繁

化的趋势，字形下部被添上了两个笔画，后来又演变成"内"形，上部讹变成
"艹"。

商代甲骨文	西周金文	秦篆	古隶

【"萬"字形源流】

　　今天被视为"萬"的简化字的"万"出现得也并不晚，南北朝时期，"万"字就
已经被广泛地当作"萬"的一种异体来使用了，成书于梁代的字典《玉篇》就收录
了"万"字，并把它标注为"萬"的俗体。所以，在二十世纪的汉字简化运动中，
人们把"萬"简化成"万"是有根据的。

　　山峦林麓之胜，花鸟鱼虫之趣，共同构成了人类生活的广阔背景，还为人类
的生存和繁衍提供各种必要的资源，使人类得以生生不息。同时，大自然还以其
声色之美充实着人类的精神世界，使智者可以乐水，仁者可以乐山。

人 体

近取诸身

古者包牺氏之王天下也，仰则观象于天，俯则观法于地，观鸟兽之文与地之宜，近取诸身，远取诸物，于是始作八卦，以通神明之德，以类万物之情。

——《易·系辞》

所谓"包牺氏"，就是传说中的上古圣王伏羲。这段话说的是，伏羲从自己的身体和外界事物的形象获得启发，创造了描述世间事物的原始工具——八卦，并且用它来传达神明的意志，表现世间万物的情态。由此可见，八卦的基本功能与文字有很明显的相同之处，从制造动机来说，它们都是为了满足人们传达信息的需求而创制的，所以古人把八卦看作文字的前身。东汉时期备受尊崇的学术大师许慎对从先秦时代流传下来的儒家经典有着非常精深的研究，编写了我国第一部具有字典性质的工具书《说文解字》，在这部书的序言中，他引述了上面这段话，传达了古人对汉字起源的一种认识，其中"近取诸身"指的便是通过模拟人类自身的形貌、姿态以及行为来造字。本章以此为题，讲述与人类身体形态、言行举止有关的汉字。

古人如何描摹自己的容貌和身体

　　大量考古发现证实，早在史前时代，华夏先民们就已经开始关注和表现自身的形貌和姿态。属于新石器时期的仰韶文化遗址出土过很多陶塑人像，其中不乏神气活现、栩栩如生的作品。例如，甘肃省天水市柴家坪出土过一个带着微笑的人面陶塑，曾被认为是目前所见世界上最早的微笑图像。如果说陶塑人像展现的只是静态形象，那么，出土于青海省大通县上孙家寨的一个新石器后期的彩陶盆，则向我们展示了先民对人体动态的观察和描绘——这个陶盆的内壁上绘有15个人手牵着手翩翩起舞的画面。尽管我们并不是很清楚这个群舞场景对于先民来说具体意味着什么，但至少可以肯定，这是一个值得他们纪念的场面。

图 3-1　甘肃柴家坪出土陶塑人面　甘肃省博物馆藏

图 3-2   青海上孙家寨出土舞蹈纹彩陶盆   中国国家博物馆藏

对人物形象的刻画是中国艺术传统的有机组成部分，随着时代的发展而衍生出不同的形式，表现手法也随之嬗变。对自身形貌和姿态的关注不仅体现在艺术创造上，还体现在文字上。

商代甲骨文   古隶

【"人"字形源流】

最早的"人"字便是模拟上半身前倾、侧面站立的人形而造的，其中短的一笔代表手臂，由于是侧面站立，所以在后面的一条手臂就被遮住了，只能看到在前面的一条，长而下垂的另一笔则抽象地勾画了身体的轮廓。在古文字里，"人"字的笔顺有两种，一种是头部和手臂连成一笔（𠂉），另一种是头部和身体连成一笔（﹀）。经过漫长的演化，前一种写法中由头部和手臂连成的一笔被拉直而成为撇画，代表身体和腿的部分变成了捺画，成为今天为我们所熟知习见的字形，而后一种写法则早已被历史无情地淘汰了。

　　侧立的人形由"人"字来表示，那么正面站立的人又该如何表示呢？古人创造了"大"字来解决这个问题。

商代甲骨文　　　古隶

【"大"字形源流】

　　"大"字的早期古文字字形就像一个伸开四肢的人，中间一竖象征躯干，从这一竖中部向左右两边伸出的两组斜向笔画分别代表双臂和双腿。在后来的演变中，代表双臂的两笔逐渐被拉平为一横，代表双腿的两笔则基本保留了原有的形态。

　　在"大"字下面添上一个表示地面的横画，就成了"立"字。

　　"立"的意思从古到今都没有大的变化，都是指人站立在地面上。战国以前，"立"这个字形同时承担着表示两个词的职能，它不仅表示站立的"立"，而且要表示"位"。按照许慎在《说文解字》中的解释，"位"最初的意思是人站立在庭院中，其基本含义仍是站立，只不过站立的地方是特定的。后来，从"位"的本义中引申出了位置的意思，"位"从此更多地被当成名词使用，也正因为如此，它的意义与"立"有了比较明显的区分，于是人们在"立"的旁边加上"人"旁，造出"位"字，专门用来表示位置的"位"这个词。

【"立""位"字形源流】

两个人并肩站立，就是"竝"字的形体来源。汉代以后，人们倾向于把两个"立"合并起来写，于是就产生了"並"形，"並"这个字形所承担的意义在汉字简化的过程中又被划拨给了"并"字，"並"因此退出了实用领域。

【"並""并"字形源流】

"并"这个字形的来源与"並"不同，它的早期字形像两个人前后相从，由从人形下半身穿过的一横或两横把两个人形串联起来，横画的具体含义不是很明确，还有待进一步研究。

把"大"字倒过来，就是"屰"字。"屰"字通过描摹倒着的人来表达不顺的意思，手足之间的位置有时候会被添上一个装饰性的短横或点（六国古文），这一笔一直保存至今。不过，单独成字的"屰"现在被使用的频率极低，人们约定俗成地借用"逆"来表示本义为不顺的"屰"。

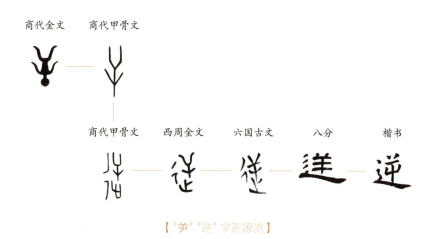

商代金文　　商代甲骨文

商代甲骨文　　西周金文　　六国古文　　八分　　楷书

【"屰""逆"字形源流】

人有男女之分，在古文字里，表示成年男子形象的字是"夫"，它的字形是在"大"字的基础上添加一横，而"女"字表现的则是女子敛起双手跪坐在地上的姿态。人们用站姿表示男性，而用跪姿表示女性，日常姿态的不同在某种程度上折射了中国传统文化中男、女两性的社会角色差异。

西周金文　　　古隶　　　八分

【"夫"字形源流】

商代甲骨文	秦篆	古隶	八分

【"女"字形流源】

　　古人在称赞女性仪容美艳时，往往会着墨于发饰。例如，曹植的名篇《洛神赋》详细地描绘了洛神倾国倾城的美貌，其中"戴金翠之首饰"一句写的就是她头部穿戴的饰品。中国人很早就开始使用发饰，在浙江省余姚市的河姆渡文化遗址中，就曾出土过一支刻有花纹的骨簪。在上古时期，簪子更多地被称为"笄"，是人们最主要的头饰，而且男女通用，女子用它来固定发型，男子则用它来固定帽子。在古代，女子满十五岁就必须把头发绾起来，用笄固定，标志着成年适婚，因此人们称女子十五岁为"及笄"。中国古代女性常用的另一种发饰是钗子，它区别于簪子的特征是呈分叉状。钗子是汉代以后最为流行的发饰之一，材质多样，款式丰富。心灵手巧的中国女性在插戴方法上不断翻新花样，在河南省密县打虎亭汉墓画像石中，我们可以看到把一排钗子竖插在云髻之上的丰腴女子形象；而甘肃省酒泉市丁家闸十六国墓壁画中的西王母，则把两支钗子分别插在发髻的两边，大概反映了当时流行的插戴样式。齐、梁以来，随着文人骚客歌咏女性容貌体态之美的热情高涨，钗子也渐渐成了闺阁诗词中频繁出现的意象。花间词派的代表人物温庭筠以擅写闺阁日常著称于世，他在一首《菩萨蛮》中写道："双鬓隔香红，玉钗头上风。"细腻的笔触引人遐想。

图 3-3　河南打虎亭汉墓画像石中的簪髻女子图像（摹本）
扬之水《古诗文名物新证合编》

图 3-4　甘肃丁家闸十六国墓壁画中的西王母图像

上古时期，人们专门造了一个字来表示女性发饰之华美，这就是"每"字。早期古文字里的"每"字字形就是在"女"字的上面加上象征发饰的三个分叉笔画，这几个笔画组合起来的形态与前面提到的打虎亭汉画里的发饰样式很相似。不过，随着字形的演变，这几笔在汉代就已经发生了比较显著的变化，左右对称的两笔被拉平为一横，和中间一笔组成"一"形。人们为了书写快捷，往往把点画和横画连写，连接两笔的部分后来演变成了撇画。古文字"每"的下偏旁"女"有时候又被替换成意义相近的"母"，"母"旁后来完全取代了"女"旁，于是楷书"每"字就成型了。

| 商代甲骨文 | 西周金文 | 《说文》小篆 | 八分 |

【"每"字形源流】

发饰如此备受重视，古文字里与发饰有关的又岂能只有一个"每"字呢？人们之所以要戴上发饰，是因为爱美之心使然。一种被古文字学界广泛接受的观点认为，"美"字的起源就与发饰密切相关，它最早的字形就是在象征人类正面形象的"大"字上添加羽毛状的发饰。考古学家和人类学家的研究表明，原始人类在头上披戴禽鸟羽毛，除了追求仪容美丽之外，还期望通过羽毛来与神灵交流。先民们普遍认为，禽鸟的羽毛具有通灵的特殊功效。

若"美"字的原始形义果如以上所述，那么稍晚的字形上部变作"羊"形，大概就是积非成是的结果。"美"字上半象征着羽毛的部分与"羊"字的古文字字形非常相似，因此，随着头戴羽毛的风气不再流行，人们就逐渐把"美"的上部误认作"羊"了，后来还附会出"羊大为美"之类的曲解。也正是因为这样，"美"字的上部走上了与"羊"字同步演变的道路。

商代甲骨文	战国古文	古隶	八分

【"美"字形源流】

　　虽然发饰男女皆可使用，但是主要的使用人群无疑还是女性。女子用发饰打扮仪容，因而美艳动人。人们在"女"字上添加两个象征着发簪的横置"T"形，就构成了一个新的字——"妍"，它所记录的词的意思就是美丽。后来，像簪子的"T"形部件连带着与之交错的"女"旁最上端，一起被人们从头顶转移到了右边，同时还被旋转至纵向，成为"开"形，"开"进而合并成"开"，便与左边的"女"旁一起组成了今天通行的标准字形。

商代甲骨文	《说文》小篆	楷书

【"妍"字形源流】

　　顺带一提，今天写作"开"的偏旁并非全都源于"开"形。除了"开"，所谓"开"旁另一个重要的来源是"井"，诸如"形""刑""邢"等字的左偏旁原本都是"井"，它们都以 ing 为韵母的原因正在于此。

　　人体由若干部位构成，每一部位都有特定的词来称呼它，这些词的书面表达形式就是我们将要介绍的一系列字，它们中的大部分是象形字。

　　在表示人体正面轮廓的"大"字上添加一个实心圆点，就是"天"字。这个圆点表示的是人头，所以"天"字的本义是头顶。人们把头顶之上的广袤空间也叫作"天"。为了便于书写，表示人头的实心圆点被改成了一横。由于象征人头的笔画被改写，"天"字的本义也就渐渐被遗忘了。

【"天"字形源流】

"天"虽然曾经有头顶的意思，但它本身并不表示人头，专门表示人头的另有其字，那就是"元""首"以及第一章曾经谈到的"页"。

"元"字同样用实心圆点来描绘人头的外形，同时也把身体连带着画了出来。与"人""大""天"几个字不同的是，"元"字像躯干和腿部的那一个下垂的笔画后来并没有演变成捺画，而是变成了"乚"形。

【"元"字形源流】

在现代汉语里，"元"已经很少被用来表示人头了，而更多地表示开始、起始的意思。所谓开始，也就是事物的头。

"首"与"元""页"不同的是，它没有画出整个人的形象，仅存头部本身。甲骨文中的"首"字有时候表现的是正脸，有时候是侧脸，有时候会连带把头发画出来，有时候省略头发，后世继承的是有头发的侧脸形象。象征着头发的几个笔画后来演变成了三个小短竖，导致"首"字上部与"止"形相近，甚至常常与"止"形混淆，这种情况从战国延续到了东汉，直到行书和楷书出现，三笔省略成两笔，才再也不与"止"形发生关系。

商代甲骨文	西周金文	秦篆	古隶

【"首"字形源流】

"首"字的字形有正侧面以及有无头发之分，无头发的字形如果要严格地释定，应该写作"百"，在这种字形的一侧勾画一条与面部轮廓大致平行的曲线，作为面部的指示符号，就成了"面"字。作为指示符号的曲线后来延长到能够包围整个"百"形，仅在右上角留出一个缺口。汉代以后，"百"旁最上面的一横与外框左右两边黏合，于是变成了今天通行的楷书字形。

商代甲骨文	西周金文	古隶	八分

【"面"字形源流】

在古代，"面"只能表示脸、外表等意思，而不能用来表示作为粮食的面，因为另有一个"麵"字专门用来表示这个概念。也就是说，"面"和"麵"曾经是两个不同的字。近代以来，人们大概觉得"麵"字笔画太多，书写不便，所以在非正式场合就用同音字"面"来代替它。1923年，钱玄同在《国语月刊》第一卷"汉字改革专号"发表了《汉字革命》一文，文中就提到了民众以"面"代"麵"的用字习惯，1956年颁布的《汉字简化方案》吸收了民众的这一自发创造的成果。

面部有五官，它们是人类感知世界的窗口，用来表示它们的字都是象形字，比如"目"字像眼睛的形状，"耳"字像耳朵的形状，"口"字像嘴巴的形状。不过，"鼻"字却不是象形字，它是在表示鼻子的象形字"自"的基础上添加表音偏旁"畀"（bì）变成的，"自"字从甲骨文字形演变到今天通行的楷书字形，中间最关键的一个环节是像鼻腔的部分不再凸出，这一变化大约发生在西周晚期。

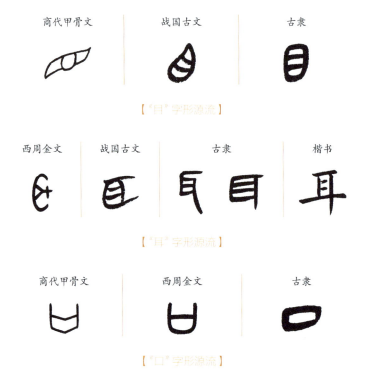

商代甲骨文   战国古文   古隶

【"目"字形源流】

西周金文   战国古文   古隶   楷书

【"耳"字形源流】

商代甲骨文   西周金文   古隶

【"口"字形源流】

商代甲骨文　西周金文　西周金文　古隶

商代甲骨文　古隶　古隶

【"自""鼻"字形源流】

　　有些字所表示的东西很难单独画出来，还有些字表示的东西若被单独画出来作为字形，就会很容易跟其他字混淆，所以人们造字的时候就把某种与之相关的事物一并表示出来，这些相关的事物一般表示的是周围环境、所包含的东西或者所附着的主体等，前面所述的"元""页"便是如此。而分别表示眉毛、胡子、舌头、牙齿的"眉""髭""须""舌""齿"等字亦无二致，都将它们所附着的眼睛或嘴巴画了出来。

　　因为眉毛长在眼睛上面，所以"眉"的甲骨文字形就是在"目"的上面添加几根毛发。在西周金文中，"眉"字象征毛发的部分和"目"形之间多了一道眉线，这道眉线被写得越来越规整，渐渐变成了类似于右上端多出一短竖的"厂"形，

商代甲骨文　西周金文　《说文》小篆　八分

【"眉"字形源流】

眉毛也慢慢固定为两根。在追求书写便捷的过程中，由毛发和眉线变来的部件合并了起来，与已经竖立起来的"目"旁一起组成了新的形体。

嘴巴周边的胡子被古人称为"髭"（zī），"髭"字的字形就是在一个人形的嘴巴部位画上几根卷曲的毛发。不过，这种字形似乎很早就已经被淘汰了，现在以"髟"表意、以"此"表音的字形大概是秦汉时代新造的字。

商代金文	商代甲骨文	西周金文	《说文》小篆	楷书

【"髭"字形源流】

与"髭"意义相近的是"须"，它的字形是在表示人头的"页"的下巴处画三根毛发，这三根毛便是楷书字形里三撇的来源。后来，"须"字被越来越频繁地借用去表示必要的意思，人们便在它的头上添加一个表示毛发之意的"髟"旁，造出"鬚"字，专门用来表示胡子的意思。在1949年后的汉字简化进程中，"鬚"字又重新被"须"字合并。髭须为什么又称为胡须或胡子呢？因为下巴是髭须最浓密的地方，而"胡"的本义正是下巴。

商代甲骨文	西周金文	古隶	楷书

【"须"字形源流】

如果面部毛发比较发达，胡子就会与垂下的双鬓相连，这一部分的毛发被称作"髯"。在"髯"字还没有出现之前，"髯"这个词是用"冉"来记录的。"冉"字的古文字字形就像与两鬓相连的浓密毛发。后来，象征毛发的几个短小的斜画被拉平，变为两横，整个字的轮廓也由圆变方，中间加上一竖，就成了楷书的"冉"字。

| 战国古文 | 古隶 | 八分 | 楷书 |

【"冉"字形源流】

　　时过境迁，在"冉"有了新的含义、字形也变得与本义无关之后，人们就再为它加上表示毛发一类意思的"彡"旁，另造了"髯"字，代替"冉"字去表示它的本义。

　　在"冉"字代表下垂至脖颈的鬓边处画一个圈，作为指示符号，指示咽喉之所在，就是表示咽喉的"嗌"（yì）字。

| 西周金文 | 战国古文 | 古隶 |

【"嗌"字形源流】

　　到了战国时期，指示符号移到了"冉"字上部正中间处，变成类似于"口"一类的写法。至此，这个字形似乎仍然没有显示出与"益"有何关联，"冉"旁是怎么变成"益"旁的呢？这一看似不依常理的演变路径很可能与战国时期的一种用字习惯有关。在战国时期楚国故地出土的古书中，"嗌"经常被借用为"益"，这当然是由于二字读音相近的缘故。可能因为在"冉"字上加一个"口"的字形比较难写，所以人们就直接用"益"来充当"嗌"字的表音偏旁了。

　　现代汉字中，好些以"益"为偏旁的字都有与咽喉相关的意思，比如

"缢""隘"二字就是明显的例子。"缢"是用绳索、布匹一类物件扼住咽喉,"隘"是山口,也就是山的咽喉。它们的"益"旁同样源于早期的"嗌"字。

表示舌头的字自然是"舌",甲骨文"舌"字就像从口里伸出舌头之形,前端的分叉表达的是什么意思呢?有些文字学家认为这一形态象征着蛇的舌头,因为蛇的舌头最有特点,所以模拟它的形态来造"舌"字。秦汉时期,舌尖的分叉被拉直而成一横,横后来又变成撇,才有了现代通行的字形。

| 商代甲骨文 | 古隶 |

【"舌"字形源流】

牙齿是与舌头分工合作的器官。在现代汉语中,"牙齿"是一个词,既指门齿,也指臼齿。但是在古代汉语中,情况却并非如此。"牙"和"齿"是两个词,其中"牙"既可指大臼齿,也可用作牙齿的泛称,而"齿"则特指门牙,这从它们各自的早期古文字字形就可以看出端倪了。

| 西周金文 | 战国古文 | 古隶 | 楷书 |

【"牙"字形源流】

商代甲骨文	战国古文	秦篆	古隶	楷书

【"齿"字形源流】

　　"牙"字像上下大臼齿相互交错的形状，而"齿"字则是在"口"形里面画上几颗门齿来示意。到了战国时代，"牙"字常常被借用来表示"与"这个词，人们为了把表示不同意思的"牙"字区别开来，就在表示牙齿之意的"牙"字下部加上了"齿"旁，不过这种字形并没有被后世继承下来。"齿"字在战国时代最主要的变化就是被添加了一个表音的"之"旁（𣥺），在秦代的隶书里，这个"之"形往往写得跟"止"字非常相近，后来两者逐渐混淆、趋同，以致《说文解字》的小篆正体都写作"止"旁，这个严格来说错误的字形却一直保留至今，以致已经极少有人知道"齿"字的读音来自"之"旁了。人们很早就发现，随着年龄的增长，牙齿的数量和形态都会发生变化，因此，"齿"又有年龄的意思。

　　表示人体躯干的字是"身"，其造字方法是，在"人"字代表躯干的笔画中部画一个半圆来充当指示符号，告诉人们，圈出来的地方就是"身"，亦即躯干。

商代甲骨文	西周金文	古隶	八分	楷书

【"身"字形源流】

后来，半圆内部和下面被人们添加了一个仅起装饰作用的短横，这一横后来慢慢变斜，成为撇画。

从第一章有关"月""夕"二字的形体源流的分析中，我们已经知道，在汉字发展的早期阶段，一个字形可以同时记录两个或两个以上不同的词。这种情况也出现在"身""腹"二字上，它们曾经同形。

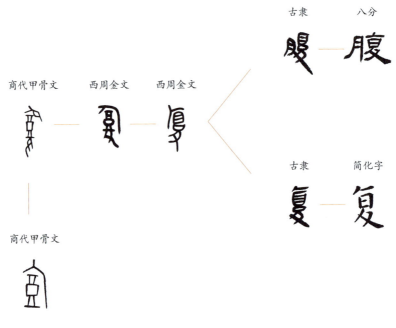

【"腹""复"字形源流】

"身"字的字形为什么又可以表示"腹"呢？那是因为腹部在躯干的中间位置，那正是半圆形的指示符号所在的地方。就像"月"和"夕"后来终究分化成两个不同的字一样，"腹"也通过它自己的方式逃离了与"身"共用字形的尴尬局面。它采取的方法是在"身"形的基础上添加一个表音偏旁"复"（ ）。在"腹"的新字形中，"身"旁发生了一些变化，最初是省略了半圆形的指示符号，变成一般的"人"形，然后进一步变成"勹"形（），"勹"形又简省成"宀"形（），即"复"字的上部。人们又发现，用"复"形来表示"腹"这个词，似乎不够直观，所以就在"复"形的基础上添加一个"肉"旁，"肉"旁的形体在秦汉时代就已经趋同于"月"旁。当"复"字再也不被用于记录语言中"腹"这个词时，它就被人们赋予了新的功能。

"腹"可以用画半圆符号指示的方法来表示，腰与腹位置相当，它如何用文字表示呢？"腰"字出现得比较晚，在它出现之前，人们用"要"字来记录语言中"腰"这个词。

商代甲骨文	西周金文	战国古文	古隶	八分

【"要"字形源流】

"要"字的甲骨文字形与腰这一意义有着密切关系，它最上面的部分象征着人头，下面分叉的地方像人的双腿，中间则像双手叉腰的样子，腰部那个圈是一个指示符号，表示圈出来的这个地方就是腰。

腰是人体躯干中较细的部分，容易让人产生束缚、约束之类的联想，于是"要"渐渐引申出约束、简约等意思。这样一来，原本专门表示腰部的"要"字就不得不承担更多职能，如果语境不是特别明确，当人们说出或写出"要"的时候，听到或看到的人既有可能理解成腰的意思，也有可能理解成约束或者别的什么意思，这就造成了沟通和交流上的困难。为了解决这种困扰，人们为约束、简约之类的意思另外造了一个形体与表示腰部的"要"字相近的字，它与原有的"要"字的不同之处在于，双手不再与躯干相连，而置于头部两侧。用头部被双手抓住的形象来表达约束这一含义是非常贴切的。后来，为约束一类意思而造的字形取代了原本为腰部的意思而造的字形，也许因为在古代社会女性往往受到更多的约束，所以下部的人形被改成了"女"旁（**娿**），上面的双手和头部渐渐合在了一起，简省成了"西"形。为了加强表意的准确性，人们又在表示腰这一含义的"要"字上添加了"肉"旁，造出了"腰"字。

"手"的古文字字形就像一只伸开五指的手掌，居中的一笔上半部分代表中指，下半部分则象征着手臂，在上面的弧形笔画左边部分代表食指，右边部分代表无名指，在下面的弧形笔画左边是大拇指，右边则是小指。后来，代表四只手指的两个弧形笔画被拉直而成两横，中指的象形笔画变成了撇，手臂则变为一个略带弧度的竖钩。

| 西周金文 | 秦篆 | 古隶 |

【"手"字形源流】

把手翻过来，掌心向下，就像动物的爪，所以"爪"字取象于翻过来的手。

| 商代甲骨文 | 《说文》小篆 | 八分 |

【"爪"字形源流】

人们往往用左右手来指示左右方向，所以就用左右手的形象来记录"左""右"这两个词。

　　在早期古文字里，记录"右"这个词的字并不是"右"，而是"又"。"又"字的古文字字形像右手取物姿势的侧视图。那么"右"字是怎么来的呢？"又"字产生后，很快就被借用去做副词，表示再、而且之类的意思，有时候还被用来表示有无的"有"，承担的功能越来越多。西周以后，人们新造了"右"，不久就开始借用它来表示"又"字的本义——左右的"右"，为不堪重负的"又"字分担一部分功能。

【"又""右"字形源流】

【"左"字形源流】

"左"字的起源与"右"字相似，但演变路径略有不同。"左"字最早是左手取物姿势的侧视形象，后来在下面增加了"口"旁或"工"旁，增加"口"旁可能是受到"右"字的影响，而添加"工"旁的具体用意至今不明。当篆书向隶书演变的时候，"左"和"右"上面的部分拉直以后变得完全相同，为了让"左"字和"右"字有所区别，人们淘汰了"口"旁的写法，选用了"工"旁的那种写法。

由于绝大多数人都是右利手，所以一提到手，人们的第一反应往往是右手，于是表示上肢局部名称的字也都以右手形象为基础，比如"厷""寸""肘"等。

"厷"指的是小臂，今天写作"肱"。"厷"字的早期古文字字形是在"又"形下垂的一笔上画一个半圆作为指示符号，意思是说，圈出来的地方就是"厷"。这个半圆渐渐与"又"形分离，成为一个封闭的圆形或多边形，汉代以后，多边形固定为三角形，三角形又变为"厶"。

商代金文　　西周金文　　《说文》小篆

《说文》小篆　　八分

【"厷""肱"字形源流】

"寸"指的是手腕上中医把脉的地方，古人称之为"寸口"。"寸"字古文字字形中的"一"与"厷"字的半圆功能相同，都是为了指出所要表示的部位。在文字演变的过程中，在"寸"字中充当指示符号的"一"缩短为一点。"寸"之所以可以用作长度单位，可能是因为从手腕到寸口的长度恰好是一寸。从一把据说出土于商代后期都城遗址殷墟的象牙尺来看，当时的一寸约为 1.6 厘米，与手腕到寸口的长度大致相当。

| 秦篆 | 古隶 | 八分 |

【"寸"字形源流】

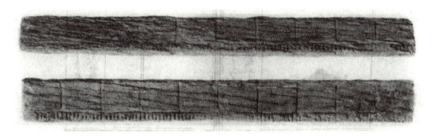

图 3-5　河南殷墟出土象牙尺　中国国家博物馆藏

　　在现代汉字里，"肘"字的右边是"寸"旁，但是，它的来源并不是"寸"，而是与"寸"相近的一个字形。

　　甲骨文中的"肘"字也以"又"形为基础，最初是将"又"形象征小臂的笔画末端写成向右上弯曲的形状，表示肘关节之所在，后来通过在下面添加一道与之平行的曲线作为指示符号，来标出"肘"的位置。这条曲线后来出现过好些变形，最终缩短为一点，于是"肘"字与"寸"字的字形便几乎完全相同了。人们为了把它们区别开来，就为"肘"字添上"肉"旁。为什么把"肉"旁加在"肘"字上而不加在"寸"字上呢？因为当时"寸"字已经有了长度单位的意义，而且这个与身体并无直接关系的新含义变得越来越常用，而"肘"仍然仅有作为身体部位的含义。

商代甲骨文	古隶	八分

【"肘"字形源流】

与"手"字类似,"足"字也是个象形字,不过,它并不仅仅像一只脚的形状,而是像一整条腿的形状,这是因为"足"在古代指的并不是脚,而是腿。"足"字的甲骨文字形可以看作由两部分组成,一部分是"止"字,它是脚底板的形状,另一部分是双勾画成的腿部。实际上,西周金文中开始出现把脚和腿部分开写的字形,腿部的轮廓被缩略成一个空心圆形,后来又变成"口"形,下面的"止"旁与独立使用的"止"字同步演变。只是,在东汉以后末笔变成了捺画,因此和一般的"止"字略有区别。

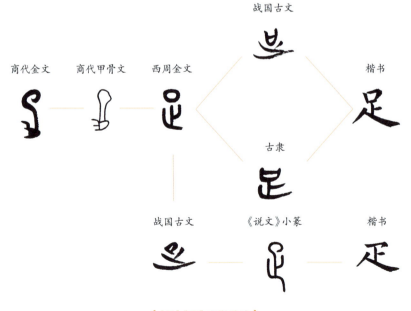

【"足""疋"字形源流】

"疋"（shū）字与"足"字有共同的来源，直到战国时期，它们才分道扬镳。这种分化在字形上有一个显而易见的标志，当时"足"字上部写作"口"，而"疋"字上部却仍然写作空心圆圈或多边形。但是，在充当偏旁的时候，"足"和"疋"直到汉代以后才有了比较明确的区分，当然，这时候"疋"已经不再作为单独的字被使用了。

　　"疋"形还可以表示"雅"，当这个字形被当作"雅"来使用的时候，就不能把它和上面所谈的与"足"字同源的"疋"字看作同一个字了，"疋"（yǎ）和"疋"（shū）只是恰巧外形一致而已。那么，"疋"（yǎ）又是怎么来的呢？第一章曾经谈到"夏"字，它的古文字字形由"页""止""日"三个基本偏旁组成，而"日"旁中间的短横时有时无。人们为了书写简便，有时候把"页"旁省去，仅以一个上"日"下"止"的字形来表示"夏"。这样的"夏"和"疋"就很接近了，于是二者几乎不可避免地被混淆，"疋"从而有了"夏"的读音。又因为"夏"与"雅"读音相似，所以人们有时借用"疋"字来表示"雅"。

　　人们常说路在脚下，这在与行走一类意思有关的汉字中是有所体现的，这些字的古文字字形往往以"止"为偏旁，而"止"最早的字形就像人的脚底板，表示的就是脚。"止"字的字形将五个脚趾头省略成了三个，这是因为在古人心目中三个即可代表多个。这三笔中，只有往一侧突出的那一笔有明确的象形指向，

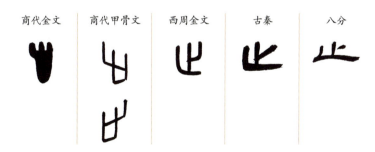

| 商代金文 | 商代甲骨文 | 西周金文 | 古秦 | 八分 |

【"止"字形源流】

它代表的无疑是大趾。在后来的演变历程中，像大趾的这一笔渐渐退化成了一个小短横，连着脚趾的脚底板轮廓线变成了两竖，像脚跟部分的圆弧被拉长为一横。

举手投足之间

　　五官、躯体以及四肢的状态共同反映出人的仪表和精神面貌——古人称之为"容止"。千万不要因为有一句俗语叫作"人不可貌相，海水不可斗量"，就认为古人不重视仪表，这句出自《西游记》的俗语有其特定情境，未必能在很大程度上反映古人对仪表的普遍态度。事实上，早期的文献里就不乏关于体貌仪容的描写。到魏晋南朝时期，贵族阶层"以貌取人"的情形更是司空见惯，《世说新语》——一部魏晋时期的短篇故事集——记录了当时贵族子弟的日常生活，其中有一篇就以"容止"为标题。唐代选任官吏的标准里也有关于仪表的项目，参选者必须"体貌丰伟"才能顺利通过选拔，获得任命。上古时期的人们对仪容和精神面貌的关注反映到了造字上，于是不少与五官和肢体状态有关的汉字应运而生。

　　眼睛被称为"心灵的窗户"，其不同状态流露出人的不同情绪，激烈的情绪往往表现为哭泣、流泪。甲骨文中有一个"眔"（dà）字，它的字形就是在"目"形下面画一些像水滴一样的小点，描绘眼睛流泪的情状。其实，它就是"泣"字的早期形态。不过，因为"眔"字被频繁地借用去表示其他的一些意义，原本的含义反而很少被使用，于是人们另造了一个用"水"表意、用"立"表音的"泣"字，来表示垂泪的意思。

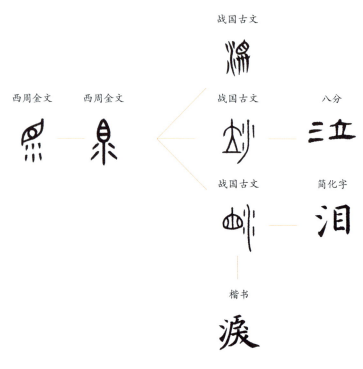

战国古文

西周金文   西周金文   战国古文   八分

战国古文   简化字

楷书

【"眔""涕""泪"字形源流】

在甲骨文中，"眔"字下面代表泪水的小点有时候会被写成规整的"水"形，这种写法孕育了后来出现的"泪"字。下面写作"水"形的"眔"字从上下结构变成左右结构，便是"泪"字。由"水"旁和"目"旁组成的"泪"字在战国时代就已经成为人们的日常用字了，反倒是今天视为"泪"的繁体的"涙"字，是相当晚才出现的，在先秦古书以及东汉的《说文解字》里都找不到它的踪影，可见在汉字简化中以"泪"代替"涙"是有充分依据的。

古文字中不乏造型夸张的形体，古人为了表示睁大眼睛的恭敬神情，特意把睁开的眼睛竖起来写，这就是"臣"字——它通过竖起眼睛的恭谨神态来表达臣服和从命的含义，进一步延伸为对服从命令的、地位较低的人的专称。甲骨文中的"臣"字有时把眼睛里的瞳仁用一个短横表示出来，有时则省去，后世所继承的是无瞳仁的一种写法。

| 商代甲骨文 | 西周金文 | 战国古文 | 古隶 |

【"臣"字形源流】

　　眼睛最重要的功能是观看，所以与观看这一含义有关的字，往往都以"目"为构件，例如"见""视""望""相"等字，莫不如此。

　　"见"的早期古文字字形是在横置的"目"下面添加一个跪坐的人形，像人跪坐在地上观看东西的模样。西周时期，跪坐的人形开始发生变化，后来慢慢演化为"儿"形。

| 商代甲骨文 | 西周金文 | 古隶 | 八分 |

【"见"字形源流】

　　"视"字与"见"字形近，不同的地方在于"视"字下面的人形是站立的，而不是跪坐的。从意义上来说，"视"一般表示主动观看，而"见"则不一定。春秋战国时期，大概因为"见"和"视"的字形在演变的过程中越来越像，所以人们为"视"字加上表音或表意的偏旁，有的加"氏"旁，有的加"目"旁，还有的加

"示"旁，其中加"示"旁的一种写法被继承了下来，其他写法则被淘汰了。

| 商代甲骨文 | 西周金文 | 战国古文 | 古隶 |

【"视"字形源流】

古文字中的"👁"和"👁"过去曾经被看作同一个字，它们之间微妙的差异并非一开始就被人们注意到，二十世纪三十年代出版的《甲骨文编》中，"见"字字头下收录的字形里就混入了若干个"视"字。直到八十年代，才有学者发现它们的用法彼此有别，从而指出"👁"和"👁"是两个不同的字。后来，郭店楚简出土，其中《老子》丙本中有"👁之不足👁"一句，与传世的《老子》文本中的"视之不足见"一句正好对应，人们由此才确认，"目"形之下作立人之形的是"视"字。

前面已经谈到，"臣"字通过睁大眼睛的形象来表达恭敬和服从之意，但睁大眼睛并不一定表示这一含义，比如说，我们登高望远，往往也需要睁大眼睛。

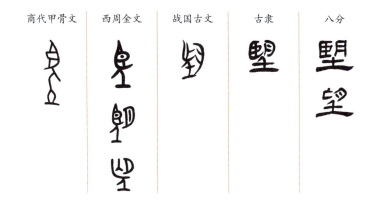

| 商代甲骨文 | 西周金文 | 战国古文 | 古隶 | 八分 |

【"望"字形源流】

表示向远处看的"望"字的早期古文字字形便是在站立的"人"形之上画一只竖起来的大眼睛——"臣"。到了西周时期，人们在日常用语中将月圆之日称为"望"，于是在"望"字原有的字形基础上增加一个"月"旁（），造出新字来记录这个词。这时候，"臣"旁的形体开始变得与"亡"字相近，又因为"亡"与"望"读音近似，所以人们将错就错，把"臣"旁改成了"亡"旁（）。此后，"望"和"朢"两种写法并存，前者表示远看的意思，后者表示月圆之日的名称。在汉字简化的过程中，"朢"被并入了"望"，无论是远看还是月圆，现在都统一用"望"这个字形来表示。

上古时期，人们生活的聚落周边，触目处皆是草木。因此，当人们为表示观看的"相"这个词造字时，就把观看的对象设定为树木，于是"相"字的形体就被设计为"目"和"木"的合体。

商代甲骨文	西周金文	古隶	八分

【"相"字形源流】

当一个人的眼睛丧失了观看的功能，就成了盲人，先秦时代，人们更多地用"瞽"（gǔ）来表示眼睛失明的意思。

"瞽"字的甲骨文字形与"视"字相似，都是由横置的"目"形和站立的"人"形组成的上下结构，不同之处在于，"瞽"字的"目"旁是残缺的，下面的"人"形还附带着一个象征拐杖的短竖。从字形上来说，今天写作上"鼓"下"目"的"瞽"与它的甲骨文字形并没有多少关系，"鼓"旁仅起表音作用，并非由挂着拐杖的"人"形演变而来的。

商代甲骨文 | 楷书

【"瞽"字形源流】

盲人的听觉一般都比较敏锐，所以先秦的时候为贵族服务的乐师多由盲人担任，他们被称为"瞽矇"，简称"瞽"。《诗经》里有一篇《有瞽》：

> 有瞽有瞽，在周之庭。设业设虡（jù），崇牙树羽。应田县鼓，鼗（táo）磬柷（zhù）圉。既备乃奏，箫管备举。喤喤厥声，肃雍和鸣，先祖是听。我客戾止，永观厥成。

周朝时，每年三月，王室要在宗庙为祖先举办一场音乐会，周王和群臣都要出席。这首诗描绘的就是宗庙祭祀奏乐的盛大场面，首先写了乐师在庭院中的位置，接着写音乐会开始前的准备工作，其中涉及多种乐器和辅助工具，虡是挂乐器的木架子，业是虡的横梁上有凹槽的板，崇牙是业上用来挂乐器的木齿，应是小鼓，田是大鼓，鼗是摇鼓，磬、柷、圉都是打击乐器，柷声是演奏开始的标志，箫、管则是竹制吹奏乐器，"喤喤"和"肃雍"形容声音洪亮、庄严、和谐。从这首诗中，我们可以直接了解到周朝的盲人乐师是如何工作的。

眼睛接收图像信息的过程可以用"见""视""望""相"等词来描述，耳朵接收声音信息的过程则被称为"听"。

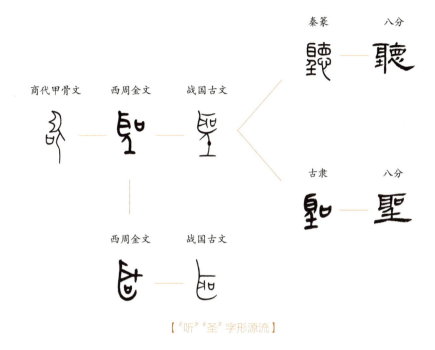

【"听""圣"字形源流】

　　甲骨文中的"听"字由"耳"和"口"两个偏旁组成，表示口在说话，耳朵在听，有时候还会在"耳"下面附带把"人"形也画出来。"人"形后来慢慢变成了读音与"听"相近的"壬"（tíng）旁，发挥表音的作用，这样一来，整个字形就变成了"聖"。

　　听觉敏锐可以衍生出通晓的意思，所以"聖"就有了精通一种学问或技能的含义。古人相信，精通学问就能获得崇高的道德修养，最终超越世俗，因此"聖"又有了崇高的意思，崇高而超凡的人就被称作"聖人"。随着"聖"的意思越来越偏离其本义，所以人们对它的形体略加修改，把"口"旁改成"悳"旁，另造了一个"聽"字，用来专门表示"听"这个词。至此，原始的"听"字分化出了"聖"和"聽"两个不同的字，"聖"在宋元以后常被简写作"圣"，"聽"最终被简化为"听"。"听"这个字形其实出现得也比较早，但用来表示听闻的意思就是晚近的事情了。西汉著名文学家司马相如的名篇《上林赋》中有一句"亡是公听然而笑"，许慎在《说文解字》中解释说，这个字读作"宜引切"，也就是说以"宜"的声母和"引"的韵母相拼，转换成现代汉语普通话大概是 xīn 一类的读音，表示欢笑的样子。这个字形被用来充当"聽"的简化字后，就再也不表示欢笑之貌了。

听的对象是声音，因此，"声"字的原始字形与"听"字密切相关。它左上方的偏旁代表一种叫作磬的打击乐器，右上方的是手执一根槌子的形象——"殳"（shū），磬被击打就会发出声音，传到下面的耳朵中，这就是"声"字的造字缘由。"声"字后来的演变轨迹非常清晰，不烦多叙。宋代的通俗读物里出现了省去"殳"和"耳"的"声"字，是今天通行的简化字形的来源。

商代甲骨文	古隶	八分

【"声"字形源流】

商代甲骨文	西周金文	古隶

【"殳"字形源流】

口的主要功能是饮食和言语，此外还能辅助呼吸。与饮食、言语有关的字另辟专章介绍，此处要提及的是一个与用嘴呼吸有关的字——"欠"。

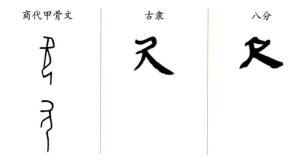

| 商代甲骨文 | 古隶 | 八分 |

【"欠"字形源流】

现代汉语里有一个词叫作"哈欠",它所表示的动作被古人称为"欠伸",无论古今,对这一动作的称呼都有一个"欠"字。打哈欠时嘴巴会张大,而"欠"字最原始的字形及其表达的含义就是张大嘴巴。单独画一个嘴巴显然不容易把意思表达清楚,所以造字的古人们就连人形也连带着画出来了,也许因为打哈欠是疲劳的体现,而疲劳则需要坐下休息,所以"欠"字下面的人形是跪坐着的。经过漫长的演变,张开的口形早已面目全非,而人形也已经站立起来。

屈原的名篇的《哀郢》中有这么一句话:

曼余目以流观兮,冀一反之何时?鸟飞反故乡兮,狐死必首丘。

意思就是说:张开我的眼睛四下观望,什么时候才能实现回乡的愿望呢?鸟儿终会归巢,狐狸死了也要面向洞穴。诗人用鸟和狐狸终生与故土紧密联系的现象反衬因战乱而流离失所、有家不能归的楚人,传达了深切的黍离之悲。东汉学者王逸为《楚辞》作注,把这句话中的"曼"解释为远,宋人洪兴祖则根据《说文解字》把它解释成引,这两种说法都有一定的问题。如果直接把"曼"理解为它的本义——张开眼睛,句意似更圆融。

商代甲骨文	西周金文	古隶	楷书

【"曼"字形源流】

　　从今天的字形来看，"曼"字与它的本义之间的关系似乎颇难理解，可是从古文字字形来看，结果就大不相同了。"曼"字的甲骨文字形由中间一个"目"形和上下各一个"又"形组成，正像以两手张目之形。上面的"又"后来被人们用"冃"（miǎn）旁代替了，"冃"是"冕"的雏形，像冠冕状，与"曼"读音相近，用它来充当"曼"的偏旁可以起到表音的作用，这属于前面曾经解释过的"变形音化"现象。"冃"旁后来又演变成形体相近的"日"旁，中间的"目"旁始终没有显著的变化，而下面的"又"形在战国秦汉时期常常被写作"寸"形，"又"和"寸"充当偏旁的时候相互混淆的情形在古文字中同样常见，不过，"曼"字下部最终还是变回了"又"旁。

　　"若"字的古文字字形取象于人跪坐着用双手捋顺头发的动作，以此来表示顺的意思。后来，人们为了使字形在视觉上更具平衡感，就在人形的左侧添加了一个"口"旁。战国时期，秦人在书写中分离了双手之形和头发之形，把它们分别改写成了"艸"旁和"又"旁。

| 商代甲骨文 | 西周金文 | 古隶 | 八分 |

【"若"字形源流】

　　甲骨文中有一个由"人"旁、"攴"旁以及几个小点组成的字形，像人在擦洗身体，偶尔溅起几滴水，这个字就是"攸"。"攴"旁代表手拿着洗浴工具，这个工具有学者认为是树的枝条。

| 西周金文 | 《说文》小篆 | 古隶 | 楷书 |

【"攸"字形源流】

　　"攸"的本义就是擦洗人身使之干净，接着引申出修饰、修治一类意思。为了表示这些引申义，人们在"攸"字的基础上加了三撇，造出了"修"字，"修"同时也部分地继承了"攸"洗扫的意思，只不过"修"表示洗扫的时候对象通常不是人，而是建筑物。

　　古文字中有一个表现穿衣这一动作的字——"袁"，它由"衣"和"又"两个偏旁组成，这个字形表达的含义是人手里拿着衣服正在往身上穿。人们为了准确地表示它的读音，就在"衣"旁的中间加上了"〇"（"圆"）旁。穿衣既可以用单手，也可以用双手，所以有时候人们会在"衣"的顶部多画一个"又"形，这个在顶部的"又"形后来经历了辗转误写，先误作"止"，后与"衣"旁上部两个斜画粘连，一起被误写成"土"。

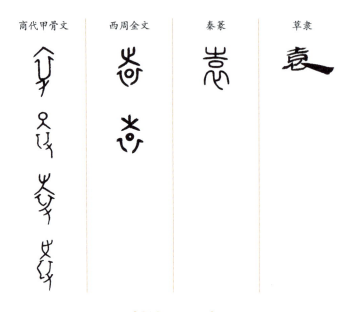

商代甲骨文	西周金文	秦篆	草隶

【"袁"字形源流】

　　日常生活离不开取物这一动作，表示取物的字"叉"是以像右手之形的"又"字为基础造出来的，它的字形是在"又"形代表大拇指和食指的两笔之间加一点，这一点表示的就是所取的东西。这个字相当于现代汉字中的"拿"。

　　单独的"叉"字早已被历史淘汰，然而，这并不意味着在现代汉字中找不到它的遗迹。今天写作左"女"右"又"的"奴"字为什么读作 nú 呢？从"奴"的古文字字形就可以清楚地看到，它的右偏旁并不是"又"，而是"叉"，只不过为了美观而把点写在封闭的空间里而已，"叉"正是"奴"字表音的偏旁。可见，"叉"字虽然已经消亡，但却化身为形近的"又"形，影响着诸如"奴""怒""弩""努""驽"等字的读音。

与下肢有关的字往往都带有"止"旁，如"企"字，其甲骨文字形是在站立的"人"形下面增加一个"止"旁，表示人踮起脚跟的意思，其基本形体构造至今没有多少改变。

| 商代金文 | 商代甲骨文 | 《说文》小篆 | 古隶 | 八分 |

【"企"字形源流】

两个"止"字组合在一起，就是"步"字，恰似人步行在地面上留下一前一后的脚印。上面的"止"旁经历了与单独的"止"字同步的变化，下面的"止"字方向与上面的相反，因而末笔向左延伸而成撇画。"步"在现代汉语里一般用作名词，但在古代汉语里也可以被用作动词，表示徒步慢慢行走，今天常用的成语"安步当车"中的"步"仍然保存着它原本的含义。

| 商代金文 | 商代甲骨文 | 西周金文 | 古隶 |

【"步"字形源流】

前面介绍过青海上孙家寨出土的舞蹈纹彩陶盆，通过这件陶器上的纹饰，我们可以遥想数千年前翩跹舞姿。表现舞蹈这一活动的专用字——"無"很早就出现了，"無"的早期古文字形体是在人的双臂上添上一串像羽毛或兽尾的部件，像人手里拿着这些道具在跳舞，表示的是"舞"这个词。

【"無""舞"字形源流】

在商代甲骨文中，有无的"无"并不用"無"字来表示，而借用"亡"字来表示，用"無"字来表示有无的"无"大概始于西周。由于"無"这个字形有了这一新职能，所以人们在它的下部添上两个"止"形，从而造出"舞"字来专门表示其本义——舞蹈。

西周时期，"無"字出现了一种新写法，羽毛或兽尾的形态发生了变化，其显著特点是有两个类似于"口"形的小部件，这两个小部件后来被人们用一横贯穿起来，同时羽毛或兽尾之常被写成"木"形。在篆书向隶书演变的过程中，"大"形代表双臂的笔画和"木"形代表树枝的笔画都被拉直而成横画，"木"形下半部分逐渐与其他部件离断，演变成四个点。

不管是否愿意，每个人都要经历一个年老体衰的阶段，于是我们的语言文字中也就有了一些与之相关的成分，下面我们对此作一介绍。

"老"字的早期古文字字形犹如一个长发的人拄着拐杖。长发和拄拐是老人的标志性形象，拄着拐杖是因为行动不便，头发长是因为古代没有理发的观念，头发随年龄增长，到老年时就长得很长了。后来，像拐杖的那一竖笔变成了"匕"形，像长发的部分也变得繁复起来，继而"人"形和头发的一部分结合而成"耂"形，"耂"形从左上向右下写的一斜画在汉代的隶书中变成了横画，"老"字的字体演变历程至此结束。

商代甲骨文	西周金文	战国古文	古隶	八分

【"老"字形源流】

　　"老"字原始字形中像拐杖的那一笔并非只有一种演变方向，它的另一种演变路径的终点是变成"丂"形，不过，由此变来的字就不再是"老"字了，而是意思与"老"相同的另一个字——"考"。"考"最早也是老的意思，一家之中年纪稍长者为父亲，所以"考"引申出了父亲的意思。

西周金文	汉篆	八分

【"考"字形源流】

　　与"老""考"二字相似，甲骨文里的"长"字也像一个长发伛偻之人，长发既可以概括一切事物的长（cháng），也可以象征年长（zhǎng）。由此看来，"长"的两个读音所表示的词很可能有共同的来源。在古文字中，"长"字有两种不同写法，一种有象征拐杖的竖画，另一种没有。经过漫长的演变，没有拐杖的一种写法被淘汰了，有拐杖的一种被继承了下来，像拐杖的那一笔变成了繁体"長"左下方带提钩的竖画。

| 商代甲骨文 | 西周金文 | 春秋金文 | 秦篆 | 古隶 |

【"长"字形源流】

　　在古代汉语里，年老而且无儿无女就叫作"独"。由"犭"和"虫"两个偏旁组成的字形较晚出现，它的前身写作"罶"。"罶"字上部的"目"表示人头，用五官之一表示整个人头的情况我们也并不是第一次遇到了，像前面介绍过的"瞽"和"听"都是这样的例子；"目"下是伛偻侧立的"人"形，人手还挂着拐杖，伛偻和挂拐这两大特征明确地表示了"罶"字的含义与年老有关。

　　尽管"罶"这个字形很早就不再单独使用了，但这并不意味着它已经完全销声匿迹。事实上，它仍然作为偏旁存在着。"蜀"字之所以有 shǔ 这个读音，正是因为它以"罶"为表音偏旁，而另一个偏旁"虫"则与"蜀"的本义有关——"蜀"最早是一种类似于蚕的昆虫的名称。大约战国时期，出现了由"犬"旁表意、"蜀"旁表音的"獨"字，人们用这个字形代替"罶"来表示"独"这个词。"獨"字笔画较多，书写不便，早在宋代，民间就有了省去"罶"旁的俗写字形"独"，后来为现代简化汉字所沿袭。

商代甲骨文

西周甲骨文　西周甲骨文　西周金文　　秦篆　　古隶　　八分

商代甲骨文

秦篆　　八分

【"蜀""独"字形源流】

　　挂拐人形在古文字里屡见不鲜，最后要提到的一个相关的字是"疑"字。"疑"字的早期古文字形体像一个挂拐之人仰头四顾，虽然没有画出五官，但寥寥一两笔勾勒出来的头部动作就足以让人联想到迷茫的神情。通过如此生动的刻画，疑惑、迟疑的意思呼之欲出。在甲骨文和西周金文里，"疑"字还有一种多出"彳"旁和"止"旁的写法，"止"旁一般与行走有关，"彳"旁则与道路有关。"疑"字加"彳"旁和"止"旁，说明它的含义应该是在道路上挂拐彷徨，也许是迷路了。后来人们进一步给它添加了一个能够表音的"牛"旁（𪊽），虽然现在"牛"与"疑"的读音风马牛不相及，但在上古时期，它们的读音是很接近的。"牛"旁后来被误写作形近的"子"形，和"止"形相结合，变成了"疋"，而左边则讹变成了"𠤎"。

商代甲骨文	西周金文	秦篆	古隶	八分	楷书

【"疑"字形源流】

对于现代人来说，对自己外表的了解可以通过镜子来实现。考古发现表明，镜子来源于西域，春秋以前，中原地区都不太常用镜子，直到战国以后，镜子才在中原流行开来。那么在没有镜子的情况下，古人如何能看见自己的面容呢？把头探到盛满水的盆子上方的做法很可能曾经真实地存在于上古时期，有一个字的古文字形体反映的正是这样的场景，这个字就是"监"。

商代甲骨文	西周金文	古隶	八分	楷书

【"监"字形源流】

甲骨文"监"字一边是"皿"旁，代表盛水的器皿，另一边是跪坐的"人"形，"人"形之上是代表睁大眼睛的"臣"旁，所以"监"表达的就是人睁大眼睛向水盆里看——看到的当然就是自己的倒影。因为以"监"的方式来照视面容时，视线是自上向下的，所以就把一切从上往下观看的行为都叫作"监"，这就是后世监察、监视一类意思的来源。

希腊的德尔菲神庙里镌刻着一句流传极广的箴言：认识你自己。本章所介绍的汉字均与人的仪容举止密切相关，其中相当一部分形体直接来源于古人对人类自身多方面特征的长期观察和巧妙总结，因此，这些汉字凝聚着中华民族祖辈举手投足之间的集体智慧，是古人认识自己的漫长过程里的美丽结晶。

宜尔室家

家庭

妻子好合，如鼓琴瑟。兄弟既翕，和乐且湛。宜尔室家，乐尔妻帑。是究是图，亶其然乎？

——《诗经·小雅·常棣》

《常棣》的主旨是歌咏兄弟之情，作为《诗经》中的名篇，它对后世的亲情书写产生了深刻而恒久的影响，"棠棣之花"成为手足情深的代名词。上面所引述的这一部分大意是，妻子、儿女、兄弟一家人和睦相处，其乐融融。在"宜尔室家"一语中，"宜"一般被理解为和善一类意思，"室"指妻室，"家"则指夫家，所以"宜尔室家"即和善、友好地与一家人相处。本章以此为题，谈论与家庭生活有关的一系列汉字。

家不只是温暖的港湾

　　费孝通在他的名著《乡土中国》里把家庭描述为具有生育和经营事务两大功能的社群，这两大功能的实现有赖于家庭成员的齐心协力。中国传统的家庭奉行父系家长制，男主人在家庭事务方面有最高决策权，父权在文字上也有所体现。"父"字的早期古文字字形由"又"形和短竖组成，一些古文字学家认为，这个字形像右手执杖示教，而执杖示教这一行为正意味着作为一家之主的权威。随着"又"形的笔画被拉直为撇和捺，短竖的方向也稍有变化，成为短撇。最后，"又"形上部的短横变成了一点，与短撇相呼应。

商代金文	西周金文	古隶	八分

【"父"字形源流】

　　古代中国以农业为本，在农业社会中，体力是人们谋求生存的重要保证，而女性因为体力上的先天劣势在家庭分工中选择了"主内"的角色，她们最重要的职能就是哺育下一代，"母"字的早期古文字字形就是这一共识的写照。人们在甲骨文"女"字的基础上添上两点，代表女子有乳房，可以哺育子女，就造出了"母"字。"母"字虽然与其他字一样经历了漫长的演变历程，但它的基本构造至今仍然没有遭到破坏。

【"母"字形源流】

　　表示否定的"毋"与"母"关系密切。商周时代没有"毋"字，"毋"这个词是借用"母"字来表示的。后来，人们觉得老是借用别的字很不方便，就在"母"字的基础上略加改造，把两点连接成一横，造出了"毋"字。

　　与父母相对应的是子女，子女在古代统称为"子"。

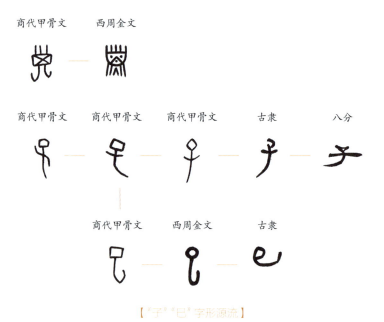

【"子""巳"字形源流】

在甲骨文中，"子"字有两种写法，分别模拟不同的形象。第一种写法中，顶部的几个竖画代表胎毛，方框代表头部，里面的"X"形代表尚未闭合的囟门，下部两笔代表双腿。这种写法在商周时期有很多不同的简体，或省略囟门，或减少胎毛的数量，简化方式不一而足。不管怎样，它们到西周以后就渐渐消亡了，并未被后世继承下来。第二种写法才是现代汉字的源头，这种写法把表现的重点放在了双臂上，描绘的是婴儿因爱动而双臂摇摆不定之形，头部以一个简单的方框来表现，下肢则简写为一竖。不过手臂似乎也并不是这种写法中必不可少的部分，有时候也会被省去。省去手臂的"子"字与"巳"字非常接近，而甲骨文中地支"巳"也往往用"子"字来表示，因此，文字学家推断，"巳"字很可能正是"子"字分化出来的。

子之子称为孙，"子孙"在上古汉语中的出现频率非常高，比如青铜器铭文就经常以"子子孙孙永保用"之类的套语作为结尾。

| 商代甲骨文 | 西周金文 | 古隶 |

【"孙"字形源流】

"孙"字的早期古文字字形是在"子"的旁边增加一个"幺"形，"幺"形本来取象于连绵的丝线，人们用它来充当"孙"字的偏旁，大概意在表达对血脉像丝线般长久延续的美好希冀。"幺"旁后来演变成了形近的"糹"旁，为隶书和楷书字形所沿袭。

"子"来到世上之前，以胚胎的形式存活在母亲的体内。甲骨文中的"孕"字形象地展现了商代人对妊娠的观察和认知。"孕"字的字形是，在侧立"人"形的基础上勾勒出高高鼓起的腹部，然后在腹内添上一个"子"形。"孕"字楷书写法中的"乃"形正是从"人"形演变而来的。

| 商代甲骨文 | 秦篆 | 楷书 |

【"孕"字形源流】

怀胎十月，一朝分娩，这是新生命降临世间的必经历程。怀胎为"孕"，分娩则为"育"，"育"的初文写作"毓"。

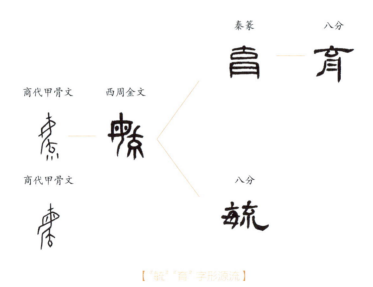

【"毓""育"字形源流】

"毓"的甲骨文字形由"女"或"每"和倒过来的"子"以及几个小点组成，其中"女"或"每"在最上，以头戴发簪之形表示女子成年、可为人母，倒"子"在

"女"下，点在最下，整个字形所表达的含义是婴儿从母体下部生出，几个小点表示随之而出的羊水和血液。后来，倒"子"和这些小点一起组成了"㐬"旁。

那么"育"这个字形是怎么来的呢？"毓"字有一种简省的写法，就是把"每"旁省去，仅保留"㐬"形，有时甚至连代表羊水的小点都省掉，仅存倒"子"之形"厶"。我们知道，与身体部位有关的字往往以"肉"为偏旁，胎儿原本是母亲身体里的一部分，因此表示胎儿的倒"子"形也不例外，人们在它的下方添上了"肉"旁，这就有了"育"字。秦汉以来，"肉"旁后来与形近的"月"旁相混淆，倒"子"形也略有变化，"育"形便呼之欲出了。

谈到倒"子"形，顺带介绍另一个包含这个偏旁的常用字——"弃"。

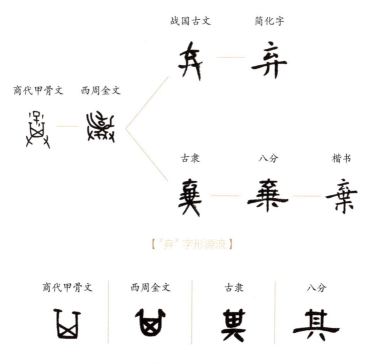

战国古文　简化字

商代甲骨文　西周金文

古隶　八分　楷书

【"弃"字形源流】

商代甲骨文　西周金文　古隶　八分

【"其"字形源流】

甲骨文里的"弃"字从上到下由"子""其""廾"三部分组成。"其"是"箕"的原始形态，像一只开口朝上的簸箕，它更多地被假借为虚词。"廾"是双手捧物的形象。所以，"弃"字描绘的画面就是双手捧着簸箕把孩子扔掉，以此来表示抛弃、放弃的意思。西周以后，"弃"字上部的"子"形往往是倒过来写的。在战国文字中，中间的"其"旁也会被省去，将这样的字形用现代笔画直接转写过来，就与简化汉字"弃"分毫不差了。而繁体"棄"则是从中间有"其"旁的写法逐步演变而成的。

婴儿尚未学会行走之前，需要成年人——往往是他（或她）的父母——抱在怀里或背在背上，抱和背这两个动作都有相应的字来表示。

【"抱""包"字形源流】

"抱"字原本并不是由"扌"和"包"组成的形声字，而是在"人"形正面所在的一侧写上一个"子"形，代表成年人把婴儿抱在怀里。"人"形后来被移到上部，"子"形有时写作与它关系密切的"巳"形，就成了"包"字。虽然"包"这个字形沿用至今，但它的原型——"抱"字的早期字形却早已湮没在历史的长河之中，正因为如此，人们就重新造了一个以"包"为表音偏旁、以表示手部动作的"扌"

旁为表意偏旁的新字形来表示"抱"这个词。

　　最早用来表示背孩子这个动作的并不是"背"字，而是另一个看似无关的字——"保"。"保"字的原始形态就是在"人"形背部的一侧写上一个"子"形，形象地表现出了负子于背的画面。西周时期比较流行的一种写法是在"子"形的右下方添上一个与代表婴儿下肢的笔画平行的短小笔画（），后来人们为了对称，在下肢的左边也添上了相同的一笔（），这就是现在"保"字右边的"呆"旁的来源。

商代甲骨文	西周金文	战国古文	古隶

【"保"字形源流】

　　把婴儿背在背上是对他（或她）的一种保护，因此，"保"有保护、保养的意思，保养婴儿的人叫作"保母"。"保母"这个词现在一般写作"保姆"，其意义也不再局限于指保育婴儿之人，而被用作家政服务者的泛称。在古代，教育、辅助年幼君王的官员也称为"保"，《尚书·君奭》篇前小序记载：

召公为保，周公为师，相成王，为左右。

周武王建立了周朝后还没来得及等基业稳固就病逝了，周成王接班的时候不过十三岁，还没有足够的能力来统治泱泱大国，所以召公和周公就担起了辅助成王的重任，这一历史故事后来成为汉代画像石常见的主题。其中召公的位置叫作"保"，也就是后世所谓"太保"，主要承担对储君和年幼君王的教育工作。

图 4-1   山东宋山村汉画像石中的周公辅成王图像

保护、保育的目的是防止发生意外，使这一目的能够顺利达成的条件以及提供这种条件的行为就是保障、保证、担保。我国从宋代开始在基层户籍管理上长期实行保甲制度，让一个社群中的人相互担保，一个基层组织中，一人犯法，全员负责。古代文献中还常常见"保子""保质"等词汇，无论它们的实际操作形式如何，关键内容都是以人质作为担保。

从山洞搬进房屋，中国人用了几十万年

　　家既是一个社会概念，同时又是一个具体的物理空间。人类并非一开始就会营建房屋，原始人类像其他动物一样，住在天然的洞穴里，考古学家在我国很多地方的崖洞都发现过原始人类生活的痕迹。《易·系辞》说：

　　　　上古穴居而野处，后世圣人易之以宫室，上栋下宇，以待风雨。

这句话的大概意思是：人类栖身的场所经历了从野外的天然洞穴到自主构筑的房屋这一重大变迁，对抗自然界不利因素的能力因此得以大大加强。不过，变迁却并不是一蹴而就的，从"穴居野处"到"上栋下宇"，中间有一个漫长的过渡阶段。在这个过渡阶段里，有不少建筑还比较多地保留着洞穴的功能和外观。陕西省华县泉护村仰韶文化遗址就发现过这种人造的地穴式居室，出入口处有斜坡通向地面。后来，人们觉得深入地下的住所出入不便，所以在造房子的时候就越造越浅，居住空间随之逐渐抬升至地表以上，成为半地穴式建筑。到了仰韶文化的晚期，半地穴式建筑就被地面建筑取代了。

　　商代的甲骨文已经是比较成熟的文字，这说明文字的起源远远早于商代，一些与居所形态有关的古文字字形也暗示了这一点，下面将举几个例子来说明。

　　"出"字的甲骨文字形由代表脚步的"止"和代表凹坑的"凵"组成，生动地表

图4-2   陕西西安半坡半地穴建筑复原图

现了人从凹坑走出来的画面。为什么是从凹坑而不是别的地方走出来呢？其实，这个凹坑正是地穴式居室和半地穴式居室的写照。战国以后，"止"形被误写成了形体相近的"屮"形，继而产生了今天通用的形体。

商代甲骨文	西周金文	古隶

【"出"字形源流】

把"出"字上面的"止"形换个方向，让脚趾向下，就成了"各"字。通过类比上面对"出"字原始意象的解读，不难推想，"各"字的原始形体表示的是从外面走进地穴式或半地穴式居室，因此它的含义就是到来。与"出"字的演变过程略有不同，"各"字遭到误写的偏旁并非"止"旁，而是下面的"凵"形。在商代，"凵"形就偶尔被写成"口"形，这种写法因为机缘巧合而被代代沿袭。"各"后来被借用去充当代词和副词，其本义反而逐渐不为人知了。

商代甲骨文 | 西周金文 | 古隶

【“各”字形源流】

地穴式或半地穴式居所不利于通风，正如《墨子·辞过》所说：

> 古之民，未知为宫室时，就陵阜而居，穴而处下，润湿伤民。

为了解决通风问题给生活带来的困扰，人们在居室周边开辟了长廊，使空气得以流通。古人用“良”字来表示长廊的名称“廊”，“良”是个象形字，其古文字字形取象于地穴中用于通风的长廊，中间的方框代表房屋，上下的曲折线条则代表长廊。后来，人们在代表房屋和代表长廊的部件里都增加了一个短横作为装饰，而这些不表示任何含义的笔画被后世继承下来，成为字形演变过程中的活跃因素。由于有了装饰性的短横，代表房屋的部分渐渐向“日”形靠拢，下面的长

商代甲骨文 | 西周金文 | 秦篆 | 八分 | 楷书

【“良”字形源流】

廊形被改写成形体和读音均相近的"亡",成了具有表音功能的部件,上面的长廊形先是变作"H"形,继而缩短两竖,与"日"形分离,成为"口"形,最终在汉代的草率隶书中简省作一点。

因为有了长廊,所以地穴式或半地穴式居所的通风、采光等各方面条件都有了比较大的改善,人们的视野变得明朗,生活环境变得良好,"良"因此有了良好、明朗等含义。为了减轻"良"字的表意负担,人们另外造了"廊"字来表示其本义。

结构与"良"字相似的还有一个"复"字,它的早期形体由两部分组成,上部也像地穴式或半地穴式居室有两廊之形,下部是倒"止"形。这个形体如果要严格转写成楷书,应写作"夏",它表达的本义是,人在居室中来回往复。"彳"旁与"止"旁一样,表示与行动相关的意思,因此,在古文字中,用"止"旁来表意和用"彳"旁来表意有时是没有区别的。此外还会出现"彳"和"止"并用、共同表意的情况,这两个偏旁有时候因草写而连在一起,成为"辶"旁的前身。基于"止"旁和"彳"旁的密切关系,我们可以认定"复"就是往复的"复"字的繁体"復"的前身。

商代甲骨文	西周金文	战国古文	古隶	八分

【"复"字形源流】

"出""各""良""复"等字描绘的都是人类居住在地穴式和半地穴式居室时的生活场景,由此可以推知,这些字可能在商代以前就已经存在许久了。

在仰韶文化晚期,古人的居所就已经从地下迁移到地上了。在汉字里,地下的居所可以用"凵"表示，地上的建筑则多用"宀"旁表示，自从地面建筑流行以来，人们在创制与居室有关的字时，就用"宀"旁而不用"凵"旁了。

现代汉字"家"由"宀"旁和"豕"旁构成，这两个偏旁与 jiā 这个读音都没有关系，它的读音是怎么来的呢？其实，在"家"字最原始的写法中，"宀"下面的偏旁并不是一般的"豕"，而是附带画出雄性生殖器的"豕"——"豭"（jiā），这就是 jiā 这个读音的来源。"家"字下部的"豭"旁并不仅仅起到表音的作用，它同时也有表意的作用，不过，从表意功能的角度看，是否突出豕的性别是无关紧要的。在农业部落中，家猪是财产的象征，因此在象征房屋的"宀"里写上代表家猪的"豕"或"豭"，就可以表示"家"的意思了。

商代金文　　西周金文　　古隶

【"家"字形源流】

"家"字的演变过程可以分成两部分来描述。先是"宀"旁，两边下垂的竖画逐渐缩短，于是变成了今天的样子。至于"豕"旁，下一章将进行详细介绍。

"宀"旁的字中，相当一部分与建筑物有关，接下来试举几例。

"安"字过去经常被解释为女子安居于室。但从早期的古文字字形来看，"安"字下面的偏旁比一般的"女"形多了一个笔画，多出来的笔画位于大腿和小腿之间。古文字中的"女"形并不总是表示女性，在有些情况下，它仅仅表示一个跪坐的人形，"安"字下部的情况正属此类。而多出来的那个短小的笔画，所象征的可能是放在大小腿之间的垫子一类物件。有古文字学家推测，"安"的本义很可能是人安稳地跪坐。之所以增加"宀"旁，大概是因为最合适的跪坐地点是室内。汉代以后，代表跪垫的一笔就脱落了。

商代甲骨文	西周金文	春秋金文	古隶	八分

【"安"字形源流】

"向"字的古文字字形也是以"宀"为偏旁的，另一个偏旁之所以是"口"，是因为它要表达的含义是口发出的声音在室内回响——"向"字表示的词是"响"。后来，"向"字被借用去表示方向的"向"——这个词原本用"卿"字或"乡"字来表示，人们大概为了避免混乱，另造了"響"字来表示"向"的本义"回响"。许慎在《说文解字》中对"向"字的解释是"北出牖"，意思是向北开的窗，这也并非"向"的本义，而更可能是由方向这一假借义引申出来的。

商代甲骨文	西周金文	战国古文	古隶

【"向"字形源流】

"向"字的"宀"旁所经历的演变过程颇具戏剧性。在战国时期，它一度变为"M"形。在秦汉文字中，它又重新变回"宀"形，上面的点由于和第二笔连写而逐渐演化成撇。在隶书向楷书演变的过程中，它竟没有依循"宀"旁一般的演变路径——缩短左右两边的下垂笔画，以致变得让人难以联想到它的上面曾经是"宀"旁。

　　要满足基本的生活需求，就得在居室中添置各种不同功能的家具。然而，上古时期的家具在类别、款式、功用等方面都与今天有很大的不同，许多今天常见、常用的家具都是当时所没有的，比如宋代以来才逐渐走进千家万户的桌椅就是典型的例子。

　　南北朝以前，人们席地而坐，坐的时候就在地上铺上一张席子，这种席子称为簟（diàn）。甲骨文中的"簟"字是个象形字，其字形是在一个长方形内画上一些花纹，可是带有花纹的长方形物体并非只有簟席，所以这个字形在表意上的指向性不够强，于是很快就不再通行，而被从"竹""覃"声的形声字所替代。

| 商代甲骨文 | 西周金文 | 《说文》小篆 | 楷书 |

【"簟"字形源流】

　　虽然"簟"的原始字形不再被单独使用，但它却通过充当其他字的偏旁，在汉字系统中留下了痕迹，似乎在证明自己曾经来到过这个世界。"宿"就是一个以"簟"的原始字形为偏旁的字。

| 商代甲骨文 | 春秋金文 | 古隶 |

【"宿"字形源流】

甲骨文中"宿"字的写法是在"簟"的原始字形上添上一个"人"形，这个造型代表人在簟席上休息。由于簟席是室内家具，所以"宿"这一行为理所当然是在室内发生的，于是人们为"宿"字添上了"宀"旁。因为"簟"的原始字形消亡得很早，西周以后的人们很可能已经完全不知道它是一个字了，而人们在写字的时候，又常常有意无意地把陌生的偏旁误写或改写为自己熟悉的偏旁，用成字的偏旁来替代不能单独成字的偏旁，所以"宿"字的"簟"形就被改写成了"百"形。

簟席是卧具，其长度自然与人的平均身高相去无几，我们又都知道，人的臂展也与身高差不多，因此，簟席的长度与臂展宽度大致相近，古人把这个数值称为一寻。

商代甲骨文	古隶	汉篆	八分

【"寻"字形源流】

"寻"字的早期古文字便是双臂丈量簟席之形，"簟"有时候会被简省为一竖。上一章提到过，古人会用"又"形象征手部动作，而"又"充当偏旁的时候又往往与"寸"相混淆，在秦汉文字中，"寻"字的双手之形也演变成了两个"又"形，底下还多出了一个表示与"又"相同的含义的"寸"形。"簟"的原始字形也被改成了形似的"舟"形，"舟"形进一步变成形近而更笔画更少的"凡"形。在草书得到初步发展的汉代，"寻"字的其中一个"又"形和"工"形相互混淆，逐渐产生了"尋"

这个字形。现在"寻"已经很少用作长度单位，更多地用来表示寻找、寻常等意思，不过，这些意义的来源暂时还无法确知，等到发现更充分的语言材料，才能揭开谜底。

从穴居野处到营造宫室，华夏先民努力地为族群拓展生活空间，改善生活环境，一系列与居室有关的早期古文字字形正是他们筚路蓝缕之功的重要见证。在以农为本的中国传统社会中，物理意义上的"家"，为以血缘关系为纽带结合在一起的社群——家庭的存续提供了必要的保障，人们由此得以安居乐业，大大小小的家族得以扎根于一方水土，延续血脉，传承文明。

敬天法祖

敬天法祖，无二道也。

——《明史·礼志》

明代乾清宫大殿的匾额上刻着"敬天法祖"四个大字。"敬天"指的是敬仰天道，在古人的心目中，天道是世间万事万物的主宰。"敬天"的思想早在先秦时代已经形成，《诗经·板》"敬天之怒，无敢戏豫。敬天之渝，无敢驰驱"，大意是，对上天的愤怒和灾变都要心怀敬畏，不能以任性放荡的心态对待。《孔子家语》记载，鲁定公问孔子为什么要祭天、祭祖，孔子回答了一句话："万物本于天，人本乎祖。"意思是说，就像世间万物以上天的意志为准则，人也要遵循祖宗留下来的法则。虽然《孔子家语》长期以来被认为是后代伪造的书，成书时代很晚，但新近的一些研究成果表明，它有相当部分的内容源于可靠的早期文本。由此可知，"法祖"的思想很早就已经出现。作为"敬天法祖"思想的具体表现形式，祭祀和占卜在上古时期统治阶级的日常生活中占有重要的位置，本章将讲述与这两项活动有关的汉字。

古人如何表达仪式感

《左传》记载了一个发生于鲁成公十三年（前 578）的故事：

> 公及诸侯朝王，遂从刘康公、成肃公会晋侯伐秦。成子受脤于社，不敬。刘子曰："吾闻之：民受天地之中以生，所谓命也。是以有动作礼义威仪之则，以定命也。能者养以之福，不能者败以取祸。是故君子勤礼，小人尽力。勤礼莫如致敬，尽力莫如敦笃。敬在养神，笃在守业。国之大事，在祀与戎，祀有执膰，戎有受脤，神之大节也。今成子惰，弃其命矣，其不反乎！"

故事的大意是，讨伐秦国的前夕，成肃公在接受祭肉这项仪式中态度不恭敬，刘康公批评他说："我听说：百姓受到天地中和之气的滋养得以生存发展，这就是生命。因此，就有了关于动作、礼义、威仪的规范，用来保障人们的生存发展。有能力的人恪守规范就可以得到好处，没有能力的人破坏规范则会引起祸害。所以无论社会地位高贵还是低贱，都要尽力遵守礼仪规范，恭敬地供奉神祖，笃实地安守本分。国家的大事在于祭祀和战争，祭祀有分祭肉之礼，战争有受祭肉之礼，这是和神祖交往的大事。现在你表现得如此怠惰不敬，简直相当于放弃生命，恐怕回不来了吧！"后话是，成肃公果然死在了征途中。

我们讲这个故事，目的是说明祭祀活动作为"敬天法祖"的具体实践方式，在古人的心目中占有重要的地位，与人类社会的生存发展息息相关。

在祭祀活动中，主角是接受祭祀的神主，古人用"示"字来表示它。

"示"字的甲骨文字形像神主牌位的形状，由底座和主体部分构成。后来，人们常常在顶部添加一个短横作为装饰，而底座部分有明显的线条化趋势，从空心方框演变成一横，最后甚至完全消失了。底座消失之后，人们大概觉得向下延伸的竖画两旁的空白有碍美观，于是各添一点作为装饰。也有学者认为，这些小点有具体的含义，可能指祭祀时洒下的酒滴。

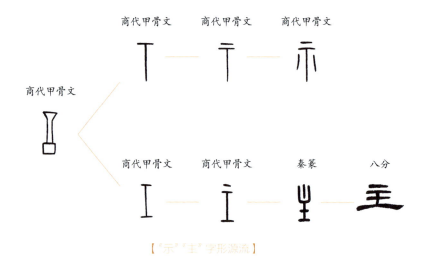

【"示""主"字形源流】

人们在"示"字字形的基础上，再加上一横，就成了"主"字。"示"和"主"最开始的时候是同一个字，后来才慢慢分开了。

祭祀是向神祖表达敬仰之心的途径，但从本质上看，敬仰神灵是因为有人力不能控制之事需要求助于神灵，因此，人们在祭祀的时候会念念有词地向神灵祈祷。"祝"字的甲骨文字形，生动地描摹出了一个跪在地上抬起头、张开口，向高高在上的神祖祈祷的人的形象。因为"祝"字的意义与向神灵祷告有关，所以人们很早就给它添上了一个像神主牌之形的"示"旁，以便更明确地表意，这一结构沿用至今。

| 商代甲骨文 | 西周金文 | 古隶 |

【"祝"字形源流】

　　"祝"字的右偏旁经过漫长的演变，渐渐与"兄"字混同，其实二者的来源并不相同，"兄"字较早的字形与"祝"字是有明显区别的。"兄"字的结构是下面一个站立的人顶着一个张开的嘴，像在威风凛凛地发号施令，俗话说"长兄如父"，所以能够发号施令的人便是兄长。

| 西周金文 | 《说文》小篆 | 古隶 |

【"兄"字形源流】

祭品是祭祀仪式中不可或缺的东西，最常用的祭品是肉，所以"祭"字最早的写法，就由代表右手的"又"旁和像肉形的"肉"旁组成，多出来的几个小点表示生肉上往下滴的血水。商代甲骨文里的"祭"字写法多样，有的略去小点，有的省略表示祭品的"肉"旁而改用"示"旁突出祭祀对象。在西周金文里，"祭"字的部件开始固定为"又""肉""示"三个，以明确表达用"又"持"肉"献于"示"前的含义。

| 商代甲骨文 | 西周金文 | 古隶 | 八分 |

【"祭"字形源流】

在古书里，常能看到用作祭品的"牺牲"。"牺牲"一词最开始的时候指供祭祀用的整只纯色牲畜或供盟誓、宴飨用的牲畜，后来由于词义泛化，它也指用其他动物充当的祭品。牺牲一般由牛、羊、豕（即猪）组成，三牲齐备称为"太牢"，只有羊和猪则称为"少牢"。《说文解字》对"牛"字的解释是"大牲也"，"牺"和"牲"两个字又都是"牛"旁，可见牛在古人心目中的地位应该是比猪和羊高的。有一件西周时期的牛鼎，内底铸有像牛头形的"牛"字铭文，可能是这个鼎的主人的族名或私名，字形象形程度极高，甲骨文以下的字形都在不同程度上做了线条化处理。牛和羊都是常见的家禽，它们身上最有特色的地方就是角和头，所以"牛"字和"羊"字分别取象于牛、羊的头部形象。

西周金文	商代甲骨文	古隶	八分

【"牛"字形源流】

西周金文	《说文》小篆	古隶

【"羊"字形源流】

"牧"和"牛"关系密切，"牧"的古文字字形直观地描绘出了放牛的画面。甲骨文中的"牧"字左边是"牛"旁，右边是人手拿着一根棍棒或鞭子的形象，似乎正要抽打在牛的身上。

商代甲骨文	西周金文	古隶	八分

【"牧"字形源流】

把"牧"字的"牛"旁换成"羊"旁，就是"养"字，从古文字字形可以看出，"养"最初的意思就是放羊。战国时期，秦人把"养"的字形改成了上"羊"下

"食"，表示用食物喂养羊，"羊"旁同时还具有表音功能。

商代金文　｜　古隶

【"养"字形源流】

　　顺便谈一个与"羊"字有关的字——"羌"。在甲骨文中，"羌"字的出现频率不可谓不高，绝大多数情况下指的是在商人活动地域以西的一个规模较大的方国以及这个方国的人。据甲骨文的记载，赫赫有名的妇好就曾经带兵伐羌：

　　　　辛巳卜，□贞：登妇好三千，登旅万，呼伐羌。

图 5-1　有关妇好伐羌的甲骨卜辞 《英国所藏甲骨集》150 正面

这是甲骨文记载的出兵规模最大的一次战争,妇好率领自己的嫡系部队三千人和商王的部队一万人,去攻打羌族,最终大获全胜。这片甲骨上的"羌"字略有残损,不甚清晰,清晰的"羌"字甲骨文字形下部是侧立的人形,上部与"羊"的上部无异,根据许慎在《说文解字》中的解释,这是因为羌族以牧羊为业,同时,这个部件可能还有表音的功能。商族每次战胜羌人的时候,总能抓获大批俘虏,所以商人所见到的羌人有不少都是披枷带锁的战俘,于是"羌"字也就有了添加像绳索形的"系"旁的异体。大概在战国以后,"羌"字上面的部分才相对固定地写作完整的"羊"形,成为现代汉字构形的直接来源。

| 商代甲骨文 | 西周金文 | 八分 |

【"羌"字形源流】

"羌"与祭祀的关系不仅体现在它的偏旁"羊"是重要的祭品这一点上,而且,成为战俘的羌人本身也经常充当商人的祭品。商代是一个杀人如麻的时代,大规模杀人的场合除了战争以外,就是祭祀。甲骨卜辞中留下了许多杀羌人来充当祭品的记载,比如:

……贞:踵来羌用自成、大丁、大甲、大庚、下乙。

壬寅卜,㱿贞:兴方以羌,用自上甲至下乙。

图 5-2　甲骨文中用羌人充当祭品的记录　《甲骨文合集》231、270 正面

第一段卜辞占卜的事情是用羌人来祭祀太丁、太甲等几位祖先，第二段卜辞占卜的是用羌人祭祀从上甲到下乙几位祖先。从甲骨文中，我们得知那些羌人在生命的最后时光里遭受了何种虐待，把羌人放在案板上宰杀称为"俎羌"，把羌人劈成两半称为"卯羌"，相比之下，砍头已经是最仁慈的手段了。考古学家发掘出过商代贵族用于填埋人牲的祭祀坑，确认埋在里面的骨架有一部分是属于羌人的，这些骨架有些没有脑袋，有些没有四肢，还有些被砍成几段，极尽残暴之能事。

猪在古文字里通常用"豕"（shǐ）字表示，"豕"字的外形就像一头猪，在早期甲骨文里是横着写的，象形程度很高，后来，为了适应竖行书写的习惯，进行了90°旋转。

| 商代甲骨文 | 西周金文 | 秦篆 | 古隶 | 八分 |

【"豕"字形源流】

《说文》"彖，豕也"，"彖"（tuàn）字的形体与"豕"有着很密切的关联，尤其是在秦汉文字中，"彖"形无论在充当偏旁时还是单独使用时，都可以当作"豕"来用，有些学者因此而主张"豕"和"彖"本来是一个字，后来才发生了分化。然而，当我们注意到战国秦汉文字遗迹中"豕"还被写成"豙""豭"等形时，就能明白"豕"被写成"彖"也只是书写上的变化，不足以证明这两个字有同源关系。

【"彖"字形源流】

甲骨文里的"彖"字比"豕"字多出一笔，大概是绳索之形。随着字形演变，代表绳索的一笔从豕的腹部转移到了颈部，这一笔与字形上部象征着喙和颈的笔画结合，变成"彐"形，而下部就变得与"豕"的下部基本一样了。

野猪是先民们重要的狩猎对象，骑猎在上古时期并不常见，普通人一般只能徒步打猎，人追着野猪等猎物跑，形诸文字，就是"逐"字。"逐"字的甲骨文字形由"豕"和"止"组成，就像一只脚追在豕后面跑一样，十分形象。"止"旁后来与具有相同意义的"彳"旁组合在一起，演变成了"辶"旁。

【"逐"字形源流】

在甲骨文里，说到追逐野兽，一般用"逐"，比如"逐鹿""逐豕"等等；而说到追逐人，就用"追"。"追"一开始专门指追逐敌军——军队这一概念在甲骨文中多被抽象为"自"形。后来这两个字的用法混同，它们造字之初的意义区别早已鲜为人知。

在生产条件落后的上古时期，人们往往以箭矢为狩猎武器，"彘"（zhì）字表示的就是"射豕"，它的甲骨文字形就像一支箭插在豕的腹部。

商代甲骨文	西周金文	古隶

【"彘"字形源流】

在先秦的祭祀仪式中，不仅要进献牺牲，还要进献牺牲的血，献血的方式、步骤、次数视祭祀对象的不同而有所区别。这些繁文缛节离我们已经很远，如今，我们只能通过阅读当时人辑录的典章制度档案，来推想那些曾经在宗庙、祭坛上演的片段。虽然从古至今有很多学者对这些文本作了详细的解释，但由于他们之间的意见分歧既大且多，所以我们仍然难以准确、全面地了解当时的祭祀仪式到底是如何进行的。以用血为例，现在仅能通过东汉的郑玄和唐代的贾公彦对《周礼》的解释得知，王祭天的时候，先进行裸（guàn）礼，即以酒灌地，然后王出来迎接牺牲，通过献上牺牲的血告知上天已经杀好牺牲了，最后把新杀的牺牲献上。而关于祭祖仪式的解说则众说纷纭，莫衷一是，分别在哪些环节用血、一共用几次都难以确知。

商代甲骨文	《说文》小篆	古隶	楷书

【"血"字形源流】

人们在祭祀仪式上把血滴入器皿之中的情景被记录了下来，经过抽象的处理，成为"血"字的甲骨文字形。血滴的形状先是变为一个短横，最后变为一撇。

祭天的第一个环节是裸礼，简单来说，裸礼就是把酒浇灌在地上，但并不是直接把容器里的酒往地上泼，而是先把一个叫作瓒（zàn）的柄形玉器插入一个被称为觚的杯形容器中，然后，让酒顺着瓒自然下流，经过一个类似于漏斗的装置流入杯中，直到酒从杯溢出，流到地上。早期金文里有一个字的形体非常直观地反映了裸礼的情景，有的文字学家认为这就是"裸"字的早期写法。

图 5-3 族名金文中疑似"裸"的字形 《殷周金文集成》5444

在这个字形中，跪坐的人手里捧着的这个装酒的容器口呈喇叭形、身呈长筒形，被宋代金石学家命名为觚（gū）。商周时代，人们铸造青铜器的时候，往往会在铭文里交代这件器物是什么，然而，至今也没有人见到过哪件青铜器的铭文里出现过"觚"字，因此，我们一直以来都不清楚宋代人对它的命名是否正确。

2009年，一件形状与宋代人描述的觚完全一致的青铜器在西安市被发现，它很快便进入了考古学家的视野。这件器物在铭文中自报家门：

成王赐内史亳醴，祼，弗敢虒，作祼同。

这段铭文的意思是：周成王曾经赏赐一名叫作亳的内史甜酒，用来施行祼礼，亳不敢怠慢，为了表达对先王恩典的感念，铸造了这件用于祼礼的同。也就是说，当时人把这种形状的器具叫作同，而不叫作觚，它的主要功用似乎也并不是饮酒，而是施行祼礼。

图 5-4　内史亳同及其铭文　《商周青铜器铭文暨图像集成》9855

　　早期古文字里的"同"字就是对这种容器外观的模拟，用两条向内弯曲的纵向线条代表左右两条边沿，用中间的横画来象征同中部凸起的横向棱线。在甲骨文中，这种写法的"同"字与"凡"字相似，因为这两个字容易混淆，所以人们就在"同"字下面添上一个"口"旁，作为与"凡"字相互区别的标志，"口"旁本身并不表示任何实际意义。

【"同"字形源流】

同这种容器有些是没有供人握持的把手的，有些则是有把手的。有学者认为，为了表示有把手的同，人们在一般的"同"字基础上，在一侧加上一个像把手的笔画，造出一个新的字——"用"。后来，这个把手形右边的竖被拉长，渐渐演变成了现在的"用"字。

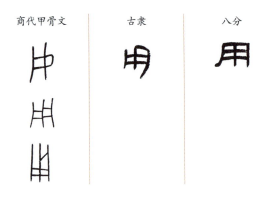

【"用"字形源流】

前面谈裸礼的仪式时提到一种用于舀酒的勺形器具，这种器具长期以来被人们直接看作勺。但是，它们的形制与当时真正的勺还是有明显区别的，比如柄比勺宽很多，前端是杯形而非勺形，柄和前端杯形的连接点在杯体的腰部，而不是像勺那样前端与柄直接连通。这种器具出土过一些，其中有一件的铭文写道：

> 伯公父作金爵，用献用酌，用享用孝于朕皇考，用祈眉寿，子孙永保
> 用耆。

图 5-5　陕西扶风出土伯公父斗形爵
宝鸡青铜器博物院藏

图 5-7　斗形铜爵
滕州市博物馆藏

图 5-6　望山出土铜勺
《中研院历史语言研究所集刊》第 89 本第 1 分

这段铭文的意思是：伯公父请人铸造了这个爵，在祭祖的时候用来向祖先敬酒，以祈求长命百岁，希望子孙后代能永久地保存和使用它。它在铭文中自称为爵，其中所谓"爵"字写作"象"，与上图中伯公父爵、滕州博物馆藏铜爵的俯视图颇有相似之处，与后者的契合度尤高。最上面的"介"形对应铜爵的鸟头，中间像侧过来的"U"形的部分代表铜爵的杯体，里面的小短横代表内贮液体，下面的部分则象征短而宽的柄，其中纵横交错的笔画应该取象于爵柄上的花纹。秦汉时期，小篆和隶书中的"爵"字直接继承了上述形体，"介"形被相对完整地保留了下来，代表杯体的部分则有一定程度的变形，代表柄部的部分则变为"㠯"形，然后被误写成形近的"鬯"。

另有一个字形过去一直被释读为"爵"，它一般写作"𩰱""青"等形。从形体上来看，它与伯公父爵铭文中的所谓"爵"字差别相当大，不太可能共存于一个演变序列中。那么，如何看待这两个字形的关系就成了一个大问题。

"𩰱""青"等形之所以一直被释读为"爵"，是因为它们的形体与宋代以来一直被称为爵的一种酒器非常相似，这种酒器底部有三条腿、口部有两个竖起

图5-8 西周早期三足爵 宝鸡青铜器博物院藏

的小柱、口沿很长。我们前面在谈祼礼的时候提到，祼礼的一个重要环节是把事先装在另一个容器里的酒倒在瓒上，这里所说的"另一个容器"就是它。在考古发现中，这种青铜器经常和同成套出现。有学者通过考察""""等字在具体语境里的使用情况，指出它更可能是"觼"的象形字，而三足爵的原名则可能是觚。

不过，关于爵和觼的这些新见受到了较多的质疑，还不能视为定论，只是可备一说而已。目前，人们一般把形如伯公父爵的这一种器具称为斗形爵，而将宋人命名的爵称为三足爵。至于"觼"字，真正确定无疑的字形见于西周金文，以"昜"为表音偏旁，以"角"为表意偏旁，其形体与隶楷文字一脉相承。

西周金文	战国古文	《说文》小篆	楷书

【"觼"字形源流】

在中国文化传统里，爵和雀的关系非常紧密。汉代的画像石有一种题材叫作射爵，图像表现的情景是一个人在树下对着树上的鸟雀拉弓引箭，原初的含义是纪念光武帝刘秀兴复汉室的丰功伟绩，射雀的人象征光武帝，雀则象征王莽及其政权。后来由于"雀"和"爵"相互通假，所以民间更多地用射雀来象征射爵，寄托着人们加官晋爵的美好愿望。

"爵"和"雀"的关系并不仅仅是因读音相近而可以通假，《说文解字》道出了它们之间的另一层关系："象雀形。"过去人们不知道我们前面所提及这种舀酒用具也可以叫作爵，所以很难想象爵如何像雀形。上述滕州博物馆藏的铜爵把鸟头、鸟翅都表现出来了，爵柄可以看作鸟的尾羽，完美地解释了《说文解字》中的这句话，更让我们看到，爵和雀之间早已有了密切的关系。

图 5-9　山东武氏祠汉画像石中的射爵图像

　　祭祀的时候，人们要双手捧着装有供品的容器走上前去。装供品的容器不止一种，双手捧"豆"（一种器皿）而祭，便是"登"，捧鼎以进，便是"具"。"登"字的"豆"旁一直以来都得到了保留，而"具"字的"鼎"旁却逐渐简化为"目"形了。

祭祀活动往往在高坛进行，这种高坛可用"亯"（xiǎng）字来表示，"亯"也是象形字，上部的倒"V"形代表房顶，中间是房屋主体，下部有一个类似于底座一样的东西。"亯"这个字形在上古时期一般用来表示享用、享祭的"享"，青铜器铭文常以"子子孙孙永保用亯"作为结尾，其中的"亯"即作此解。在战国时期的秦文字中，高台之形的下面被添加了一个下垂的笔画，用意不明，人们进而在这个笔画中段添上一横，使之向"子"形靠拢，这样一来，"亨"和"享"这两个字形就相继出现了，二者在更晚一点彻底分开成为两个功能不同的字，前者专门表示通达、顺利之类的意思。

【"亨""享"字形源流】

如第一章所述，"廾"代表人伸出双手做某件事，那么，把"亯"和"廾"合在一起，就可以表示人捧着祭品登上祭坛进行祭祀，这就是"孰"字。"孰"字的"廾"旁写得尤为形象生动，人形或跪坐或弯腰，虔诚恭敬之态活灵活现。秦汉时代，"廾"旁的写法开始发生变化，到东汉，最终变成了"丸"形。

商代甲骨文	古隶

【"孰"字形源流】

那么，登上祭坛进献祭品和"孰"有在意义上有什么关系呢？我们来看一看《礼记》里的一句话：

郊血，大飨腥，三献爓（xún），一献孰。

其中"郊"即郊祀，指祭天，是规格最高的祭祀，要用血来充当祭品；"大飨"是祭祖，规格稍次于祭天，祭品是"腥"，即生肉；"三献"指祭祀社稷，规格又低一等，祭品是"爓"，即用开水煮到半熟的肉；"一献"指祭祀山川土地的小神，规格最低，祭品是"孰"，即熟肉。随着祭祀规格的下降，所用的祭品越来越接近于人们的日常饮食习惯。由此可以知道，"孰"就是祭品的一种——熟肉。所以，"孰"的字形和意义之间的关系应该理解为用进献祭品的情景来表示这种祭品的名称或性质。后来，人们在它的下面添上了一个"火"旁，造出"熟"字，来表示"孰"的本义，"孰"字则更多地被借去充当疑问代词。

商代甲骨文	西周金文	战国古文	古隶	草隶

【"退"字形源流】

祭祀仪式完毕后，需要把装在各种器皿中的祭品撤去，上古时期的人们用"退"字来描绘这个过程。

　　"退"字的甲骨文字形下面是倒过来的"止"——"夂"旁，上面是器皿的象形字，这个器皿可以是尊、皿、簋等，所以甲骨文中的"退"字异体繁多。不过，后来只有上面写作簋形的一种被继承了下来。随着语言中"退"这个词的意义从撤退祭品泛化到一切场合下的后退，"退"字字形重点表现的地方也从器皿之形转移到了表示动作的偏旁，这一变化具体表现为簋形逐渐被省略成"日"形，而表示动作的偏旁不断累增，先加"彳"旁，后加"止"旁。"彳"旁和"止"旁组合成"辶"旁，"日"形和"夂"旁的组合因误写而与"艮"旁混同，"退"字的楷书字形便由此产生。

龟甲和牛骨上的明天和以后

对上天和祖先的恭敬不仅体现在祭祀上，还体现在对他们的超自然能力的无条件信任上。商代贵族事无大小都要占卜一番，借助神灵的力量来帮助自己预测未来的吉凶，他们的这一项日常活动在汉字里留下了不可磨灭的痕迹。

为了达到与神灵交流的目的，从新石器晚期开始，生活在华北地区的人们创制了一套自成系统的占卜程序：首先，通过采集、接受进贡等渠道获取占卜的材料——龟甲和兽骨，把龟甲或兽骨切割成相对规则的形状，在背面挖出一些圆形和梭形的孔——圆形的叫作钻，梭形的叫作凿，这些准备工作将要被记录在龟甲或兽骨上不明显的位置。接着，高温烧灼事先挖好的圆形钻孔，使得龟甲或兽骨的表面出现纵横交错的裂痕——卜兆，然后在兆的旁边记录卜兆的顺序，在卜兆的附近刻写占卜的时间、占卜者的名字以及占卜的事件等详细信息。因为他们相信神灵通过控制卜兆的形状来向凡人传达关于吉凶的信息，所以通过观察卜兆，参考相关资料，就可以判断占卜结果是吉是凶，这个结果被记录在同一片龟甲或兽骨上。等到占卜的事情已见分晓之后，再去验证占卜的结果是否灵验，验证的结论往往刻在占卜结果的附近。

"卜"字的字形便是对卜兆形态的描摹。甲骨文里的"卜"字由一竖和一横组成，象征着卜兆纵横交错。尽管原来的横如今已经变成了点，但字形的大致轮廓历三千余年而本色不改。

商代甲骨文	古隶

【“卜”字形源流】

　　用于记录占卜流程的材料是龟甲和兽骨，其中兽骨又以牛肩胛骨为最多，可见牛肩胛骨在当时是一种常见的东西，于是，人们在为语言中的“肩”这个词造字的时候，就以常见的牛肩胛骨作为文字形体的来源。

商代甲骨文	秦篆	战国古文	古隶	八分	楷书

【“肩”字形源流】

　　“肩”字的甲骨文字形细致地刻画了牛肩胛骨的骨臼、臼角和骨面。骨臼有繁简两种表现方法，比较繁复的写法是在主体部分的上方画一个“口”形，较简的写法则用“凵”形代替“口”形。臼角和骨面细节有时候表现得明显一些，有时候会表现得含糊一些，甚至完全省去。对骨面细节的描绘其实就是一条斜线，在大多数情况下，这条线的一端与臼角相连，另一端延伸至于臼角相对的一侧的侧沿，这一笔所象征的应该是肩胛冈，即肩胛骨背面凸起的骨嵴。

　　从春秋时期的秦文字中可以看到，当时的“肩”字已经附加了“肉”旁，“肉”旁上面的部分便是由“肩”的早期古文字字形演变而来的，这一部分后来逐渐向

"户"形演化。由此,我们知道,"肩"字上面的"户"旁与"户"字并没有什么关系,它完全是因误写、简省而形成的。通过相似途径产生的所谓"户"旁还见于"所"字,"所"本来是由"肩"和"斤"组成的,表示用斧子一类的利器来砍削、整治牛肩胛骨。与"肩"字情况略有不同的是,"所"的左偏旁之所以向"户"形靠拢,还因为"所"与"户"在上古时期读音相似,将象形的"肩"形改为"户"形能起到表音的作用。

商代甲骨文	西周金文	春秋金文	秦篆	八分	楷书

【"所"字形源流】

经过高温加热,牛肩胛骨上会出现卜兆,人们把卜兆斑驳的牛肩胛骨描绘下来,便是卜兆的"兆"字的早期古文字字形(㸠)。不过,大概因为用甲骨占卜的风俗习惯没有被后代发扬光大,所以"兆"字的这种写法也就随之被淘汰了。

商代甲骨文	古隶	八分	楷书

【"兆""㸠"字形源流】

那么，我们今天所使用的"兆"字是从哪里来的呢？甲骨文中有一个字形，像两个人分别在河的两岸，背对背地往相反方向奔逃。这个字形是"逃"字的早期形态，尽管它在甲骨文中并不用来表示"逃"一词。从形体层面来说，它与后世的"兆"字一脉相承。这个字形中象征河流的"水"旁先简化为一根曲线，然后变成"乚"形，背对背的两个"人"形在战国时期的秦人笔下开始被写成"北"形。

西周金文和战国时期的楚国文字中出现了一种别具一格的"兆"字，写作"𣥠""𣥛"，两个"止"分布于曲线两侧。这种形体与甲骨文中的"涉"字关系密切。"涉"本义为徒步涉水而过，因而古人在象征水的曲线两侧分别画一个象征脚的"止"形，为它造出表意字形"𣥠"。而当这种字形中间曲线的曲折程度明显增大，就产生了与西周金文和战国楚文字中的"兆"字相当一致的形体"𣥛"。有学者认为，这是"涉"字分化出来的一个字，是"跳"字的前身，它在甲骨文中表示的词正是当时与"涉"读音相近的"逃"。

人们根据卜兆的形状对吉凶作出判断，这个环节叫作占。"占"这个词是由卜兆的"兆"这个词派生出来的，因此，人们在为"占"这个词配备相应的字的时候，就以卜兆的"兆"字的早期写法为基础（𠀑），在整个字的下面或者内部的"卜"形下面附加一个"口"旁（𠁁），从而造出新的字形。"兆"字的早期写法在这个新字形中不仅具有表意的功能，同时还能表音——"占"字和"兆"字在上古时期读音相似。"占"字的早期字形中的牛肩胛骨之形有时会被省略，成为楷书字形的源头。

| 商代甲骨文 | 古隶 |

【"占"字形源流】

祭祀　敬天法祖　　　191

在生产力发展程度比较低的古代社会，人们的所见所闻往往超出自身的认知水平，生活中种种不易解释的现象成为人们精神世界里长期存在的困扰，面对未知，人们没有多少期待，有的只是恐惧和不安。"天"和"祖"作为人们心目中的超自然力量，被视为先知。于是，人们希望通过与上天、祖先沟通，窥探关于未来的秘密，获得心灵的慰藉。由此，祭祀和占卜成为上古时期社会生活的重要内容，与此相应，人们为祭祀对象、祭祀用具、占卜材料以及占卜过程创制了一系列文字，一笔一画地书写着满腔的虔敬。

战 争

戎车既饬

六月栖栖，戎车既饬。四牡骙骙，载是常服。

猃狁孔炽，我是用急。王于出征，以匡王国。

——《诗经·小雅·六月》

周厉王统治时期，国势衰颓，四面八方的异族纷纷入侵，尤其是来自北方的猃狁部族，他们的侵略对周王朝的领土完整和国家安全造成了很大的威胁。因此，周宣王即位后，派尹吉甫北伐猃狁，大获全胜。《六月》一诗正是这场卫国之战的凯歌，上面引述的是全诗起首的几句，描写了尹吉甫的军队在炎炎夏日紧锣密鼓地备战的情形，其中"戎车既饬"一句的意思是，战车已经整理妥当，将要出征。本章以此为标题，讲述与战争有关的汉字。

青铜时代的军备

    中国的兵器发展史可以划分为两大阶段，以火药被发明并用于制造兵器为分界，此前是冷兵器时代，此后是火药兵器和冷兵器并用时代。我们对冷兵器的认识大抵都来源于武侠题材的文艺作品，如金庸笔下的倚天剑和屠龙刀、古龙笔下的小李飞刀，作为侠义精神的象征，给读者留下了非常深刻的印象。与其他种类的物品一样，冷兵器也经历了相当漫长的发展历程，总的来说可以分为三个时期，它产生于石器时代，发展于青铜时代，成熟于铁器时代。甲骨文出现于青铜时代，正当冷兵器的发展期，此时被广泛使用的兵器种类已经不少，用于进攻的有戈、矛、殳、钺、刀、剑等，用于防守的有盾牌，用于射击的有弓、箭、弩等。

    在古人的书面表达中，一般用"兵"来统称兵器。甲骨文中的"兵"字写作双手握着一把斧子的形状，像斧子的部分实际上是"斤"旁，也有一些学者认为，"斤"字与锛的关系更密切。后来，下面的双手之形合并成"廾"旁，继而横画与两点分离。

【"兵"字形源流】

商代甲骨文	西周金文	古隶	草隶

【"斤"字形源流】

图 6-1　商代铜斧
《商周青铜器铭文暨图像集成》18710

　　"兵"字的甲骨文的字形表现的是双手持兵器这一画面。它为什么一定是指兵器，而不是指全副武装的士兵呢？从"看图说话"的角度来看，这两种解释似乎都说得通，然而，古文字字形、字义的考释并非简单的看图说话，而要结合具体的历史语境来考虑。在时代较早的文献中，只有将"兵"理解为兵器才能将句子读通顺，例如：

修尔车马，弓矢戎兵。(《诗经·大雅·抑》)

其克诘尔戎兵，以陟禹之迹。(《尚书·立政》)

学界普遍认为，收入《大雅》的诗作大多写成于西周时期，而今文《尚书》中《周书》的文本源头也大都可以追溯至周王朝的官方档案，因此，上面引述的两个句子的产生时代应该都比较早。《诗经》句中的"修"与《尚书》句中的"诘"意义相近，均指整理、检查，与"戎兵"并列的是"车马""弓矢"等可以被修整的军需用品，所以"戎兵"只能理解为甲胄与兵器，不能解释成士兵。对于"兵"这个词来说，士兵这一含义是稍晚才引申出来的。

《荀子·议兵》说："古之兵，戈矛弓矢而已矣。"可见古人最常接触到的兵器就是戈、矛、弓、矢，我们将逐一介绍与这几种兵器有关的字词。

在青铜时代的冷兵器中，戈是最具代表性的一种。戈由戈柄和戈头构成，其形制完整地反映在"戈"字的早期古文字字形中。几千年过去了，代表戈头的一笔演变成了一横，戈柄则变成了斜钩。

西周金文	商代甲骨文	古隶

【"戈"字形源流】

戈一类长柄兵器的柄叫作柲(bì)，商周金文常用"必"来表示这个词。古文字"戈"去掉代表戈头的笔画后，剩下的部分就是柲的早期形态。我们今天描述楷书"必"字的写法时，一般会说"'心'字加一撇"，但实际上"必"的形体来源与"心"并无关系，卧钩、撇以及中间的一点是直接从戈柄之形演变而来的。

商代甲骨文	西周金文	古隶

【"必"字形源流】

　　既然无头的戈柄可以表意，那么无柄的戈头是否也可以呢？答案是肯定的，"吉"字上部的"士"形就是从戈头的形状演变而来的。"吉"字之所以使用戈头的形象来表意，是因为它的本义是坚硬、坚固，而金属制造的戈头正是具备这种属性的物件。在中国古代文献中，青铜器多被称为"吉金"，"吉金"的"吉"就是坚固的意思。青铜器坚固便意味着质量好，因此"吉"后来就有了佳好的意思。"吉"字下部的"口"没有表意功能，它只是一个符号，指示戈头坚硬、坚固的特性。早期古文字在表示抽象的概念时，常用的一种方法是在与这一概念密切相关的具体事物象形字的基础上附加"口"旁。

商代甲骨文	西周金文	古隶

【"吉"字形源流】

图 6-2　西周早期青铜戈头　宝鸡青铜器博物院藏

矛也是上古时期常用的单兵格斗武器之一，就目前所知见的范围而言，甲骨文中没有出现过独立的"矛"字，只出现过以"矛"为偏旁的字。充当偏旁的"矛"的写法不完全与矛的形制吻合，造字意图不太明确，有待进一步研究。

在古代，长矛一类兵器又被称为"刺"或"刺兵"，东汉经学家郑玄在给《周礼·考工记》作注释的时候就说："刺兵，矛属。"

商代甲骨文	西周金文	《说文》小篆	古隶	八分

《说文》小篆　　楷书

【"刺"字形源流】

　　"刺"字的前身"朿"的早期古文字字形就像一柄三锋矛，后来人们为了表意更明确，在右边加上了一个"刀"旁——经过长期演变后写作"刂"形。在东汉以前，"朿"和"刺"的意义已经有了区别，"朿"用作名词，意为芒刺，"刺"则用作动词，意为刺杀。在西周中晚期的金文中，"朿"字的尖头都变成了普通的横画和竖画，书写较草率时会与"来"字混淆。在秦汉文字中，"刺"字左旁的"朿"有时候被写作 ，下部虽然已经变得面目全非，但上端仍然保持造字之初的形态，"刺"的俗体"刾"就是从这种写法变来的。

　　在现代汉字中，"朿"与"束"形近，极易混淆，实际上它们之间毫无关系。现代汉语中"朿"字用得很少，所以即便它与"束"相混，似乎也并不影响正常的交流。但在阅读古代文本的时候就会出现问题，比如，古书中常见的"逨"字会被误认为"逨"字。事实上，"逨"字是以"朿"为表音偏旁的形声字，是"迹"字的一种特殊写法。"迹"字还有一个异体"蹟"，"责"是它的表音偏旁，而"责"其实也是用"朿"旁来表音的，只不过它经过演变已经不复原貌了。

商代甲骨文	西周金文	古隶

【"责"字形源流】

　　"弓"字的原始字形来自对弓的外形的模拟，后来，象征弓弦的一笔常常被省去，象征弓臂的部分渐渐被拉直，从而变成现在的样子。

商代甲骨文	西周金文	秦篆	古隶

【"弓"字形源流】

　　甲骨文中有一个字的写法是在"弓"的旁边添上几个小点，这个字经过严密考证，被认定为"发"（fā）的原始字形，其中几个小点所象征的是弓弦被拨动后不断震颤的动态。这个字还有一种繁体写法，是在"弓"的一旁添上代表手部动作的"攴"旁，在这种繁体字形中，拨动弓弦的含义表示得更加直接、明显，所以就省去了用来表现弓弦颤动的几个点。后来，人们在"攴"旁之上叠加了一个表音的偏旁"癶"（bō），"攴"旁在日常书写中与形近的"殳"旁相混，以致逐渐被后者取代。

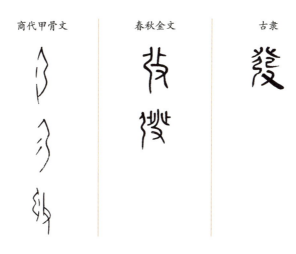

商代甲骨文	春秋金文	古隶

【"发"字形源流】

在早期的文献资料中，箭一般被称作"矢"，"矢"字的早期古文字字形正是一支箭的形象。

| 商代甲骨文 | 西周金文 | 古隶 | 楷书 |

【"矢"字形源流】

箭由锋镝、末端扣弦的栝以及箭羽这几个主要的部件构成，"矢"字楷书形体上面的撇和短横来源于箭锋之形，中间的长横从栝形变来，撇捺则来自箭羽末端的分叉之形。既然在上古时期箭的名称是"矢"，那么文献中的"箭"又是什么意思呢？其实，"箭"这个词一开始并没有箭的意思，它指的是用来制作箭杆的一种竹子，即箭竹，也可以指箭杆。西汉时期，在关西地区的方言中，它开始被用来指称箭。到了东汉以后，"箭"慢慢地在人们的日常口语中取代了"矢"，但是，在书面表达中，这个替换进程相当缓慢，直到唐代以后才逐步完成。

"矢"在古文字系统中是一个比较活跃的构件，很多字都以它为偏旁，比如"射""至""侯"等。不过，经历了漫长的演变后，它们的"矢"旁早已难觅踪影。

| 商代甲骨文 | 西周金文 | 古隶 | 八分 |

【"射"字形源流】

箭在弦上，便是"射"字的早期形体所描绘的情形，箭羽处或被加上象征手部的"又"形。后来，"又"形与像箭羽的部分合为一体，"弓"旁与"矢"旁的一部分结合，讹变成"身"形，"又"形有时被多加一点，写成"寸"形，便成了现在我们看到的"射"字。

在上古时期，射箭不仅是一种交战手段，同时也被引入到精英阶层的业余生活中，射箭比赛或表演是正式社交场合中的重要环节，这一环节往往被赋予丰富的礼仪意涵，带有礼仪性质的射箭比赛或表演因此被称作射礼。射礼的参与者还被要求掌握白矢、参连、剡注、襄尺、井仪五项技术，其中白矢是指射穿箭靶而露出箭镞，参连是指三箭连珠，剡注是快速射击，襄尺是指君臣一同射箭时臣让君一尺，井仪则指四箭连珠。

"至"的甲骨文字形是在"矢"的锋镝处画上一横，表示箭矢射到的地方，以此表示到达的含义。在"至"字的演变历程中，"矢"旁的箭羽之形被拉平为一横，栝部最终变成"厶"形，勾勒锋镝的两个相向的斜画拉伸成了一横。

| 商代甲骨文 | 古隶 | 八分 |

【"至"字形源流】

"侯"的本义是箭靶，其早期字形由"矢"和一个类似于"厂"形的部件组成，此处所谓"厂"形，就是箭靶的抽象形态。战国时期，秦人在"厂"形的上部添加了一个"人"形，使字形变为"矦"。汉魏之际，"人"形的撇画与"厂"形的竖画结合而成"亻"旁，同时，"人"形的另一笔与"厂"形的横画也相互结合起来了。

商代甲骨文	西周金文	古隶	楷书

【"堡"字形源流】

箭矢从弓弦上射出去后，弓弦会迅速回弹，若徒手射箭，这时候手指就很容易被弓弦擦伤。为了防止手指受伤，古人发明了保护手指的工具——扳指。扳指也叫作夬（jué）或韘（shè），古文字中的"夬"字形体，是在代表右手的"又"形的第一笔上面画一个圆或半圆，代表把扳指戴在手指上。

西周金文	战国古文	古隶	八分	楷书

【"夬"字形源流】

过去一般认为扳指都是戴在大拇指上的，陕西韩城芮国墓地近些年出土了几件扳指，考古学家认为它们更可能是戴在食指上的。通过这一发现，我们能够了解到扳指有不同种类，彼此之间在形制上略有差异，佩戴方式可能也有所不同。

《说文解字》中"夬"字的篆书写法与秦篆的真实情况并不相符。东汉时期，由于流传下来的秦篆资料比较有限，人们对相当一部分字的秦篆写法已经不太了解，只好通过当时通行的隶书或深受隶书影响的一种专用于印章的篆书变体——缪篆，来反推秦篆的字形。因为在秦篆到汉隶的演变过程中，有些字的写法发生了剧烈的变化，所以由汉隶、汉篆反推秦篆的做法无可避免地会出现各种各样的误差。东汉隶书中的"夬"字字形继承了商周时期把扳指写成半圆形的

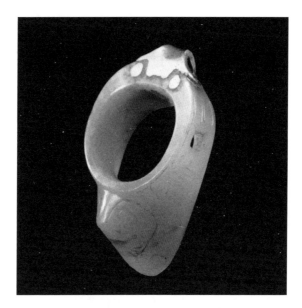

图 6-3　陕西韩城芮国墓地出土扳指　芮国遗址博物馆藏

一类写法（**夬**），尽管圆弧已经被拉伸成平直的笔画，其结构理据却尚未被完全破坏。这种字形一方面继续演变为楷书，沿用至今，另一方面被汉代人用来反推秦篆，产生了《说文解字》中的篆书字形。从"夬"字这一个案中，我们可以看出《说文解字》中的篆书字形来源的复杂性。

无论戈矛还是弓箭，都只能用于进攻，而防守只能依靠盾牌，过去大多数学者都认为，古文字中的"毌"（guàn）旁就是从盾牌的形象中脱胎而成的。盾牌之所以能够阻挡各种尖兵利器的攻击，是因为它足够坚固，因此，当时表示语言中"固"这个词的字"古"就以"毌"为表意偏旁，"毌"形经过线条化，演变为"十"形，下面的"口"旁是一个指示符号，其功能和前面提及的"吉"字下面的"口"并无二致。"古"字后来被借用于表示过去、过往一类意思，逐渐与"固"分道扬镳。

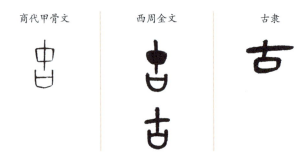

【"古"字形源流】

　　不过，另有一种观点认为，过去被释读为"毌"的字形应该是"盾"字，其主要理由来自金文，西周中期的威簋铭文中有一句说："俘戎兵、矛、戈、弓、箙、矢、裨、胄。"和这个字并列的几个字都是兵器，唯一的未识字显然也应该表示一种兵器的名称，这个字由过去释读为"毌"的盾牌形（左下角"十"字形）和"豚"字组成，按照古文字构形的一般规律来看，应该是一个以"豚"为表音偏旁、盾牌形为表意偏旁的形声字，其读音与"豚"相近，又因为传世古书中"遁"字往往写作"遯"，故可推知此字极有可能是"盾"字，右边的盾牌形则是它的早期形态。

　　"戎"字左下方的"十"形同样是由"盾"形演变而来的，它通过盾牌与戈的组合传达兵器、军械一类的意思。《说文解字》把"戎"字的字形解释为由"戈"和

【"戎"字形源流】

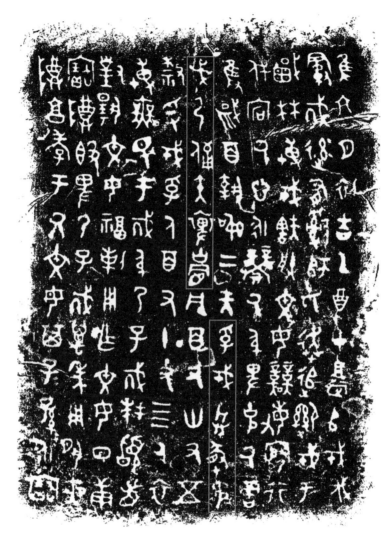

图 6-4　彧簋铭文　《殷周金文集成》4322

"甲"两个偏旁组成,是不符合实际情况的。这一误解的产生是因为"甲"字的古
文字也写作"十"形,与线条化后的"盾"形如出一辙,以致东汉时代的人已经分
不清两个来源不同的"十"形。

如前所述，"岁"字的形体来源于象征着王权的钺，钺既然能够代表王权，那么"王"字的古文字字形取象于钺也就在情理之中了——这正是关于"王"字形体来源最流行的一种观点。"王"字与"岁"字对钺的描绘略有不同，"王"字没有画出手柄，而且刃的方向是朝下的。

图 6-5　商代晚期青铜钺　山东省博物馆藏

| 商代金文 | 商代甲骨文 | 西周金文 |

【"王"字形源流】

早期的"王"字只有两横，但这样的形体很容易与"士"字的古文字混淆，所以人们在上面多加上了一横，稍后又把斧钺两侧的轮廓线合并成一竖，这样一来，就有了今天通行的字形。这个字形开始流行之际，新的问题又出现了，那就是它与"玉"字的形体几乎完全一致，为了使它们不混淆，人们约定，三横等距的是"玉"，上面两横的距离小于下面两横的距离的是"王"，当人们发现这并没有彻底解决问题，才为"玉"字添上一点作为区别符号。

"士"字的早期字形和"王"并无二致，但演变路径却大异其趣。当"王"字被人为添加横画的时候，"士"字并没有走上完全相同的道路，它从古到今经历过的唯一一个关键变化就是中间代表斧钺两侧轮廓的两个斜向笔画合并为一竖。

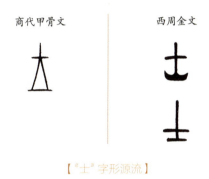

商代甲骨文　　　西周金文

【"士"字形源流】

虽然"士"的早期字形与"王"同源，但是它的意义却与"王"无关。其实，这两个字共同的早期形体都既可以代表统治权的象征——钺，又可以代表一般的斧头。王统领军队，手里拿的是钺，而士是最低级的贵族，是要拿工具处理具体事务的，斧头在这里充当了所有工具的代表。

秦始皇统一六国后，认为不更改"王"这一名号不足以纪念他的丰功伟绩，便让群臣商量一个合适的尊称。李斯等人向秦始皇进言，建议他直接采用最高贵的"泰皇"名号，秦始皇斟酌后，采纳了"皇"一字，和上古帝号"帝"一起，组合成了一个新词——"皇帝"。从此以后，"皇"和"帝"也都成了最高统治者的称号。

| 商代甲骨文 | 西周金文 | 《说文》小篆 | 古隶 |

【"皇"字形源流】

"皇"字原本与政治权力并没有多大关系，最早表示的是凤凰的"凰"这个词。它的字形取象于人们对凤凰尾羽的想象，向上伸出的几个竖画就代表着羽毛。为了明确它的读音，人们在下面添加了一个能起表音作用的"王"旁，这个后加的"王"旁有时候会借用原型底部为它的第一横（皇、皇）。《说文解字》中的"皇"字篆书上部写作"自"，这种字形主要出现在战国时期。秦始皇实行的"书同文字"政策的具体条款中，就包括废除"自"旁的"皇"，统一使用"白"旁的"皇"，第一章介绍过的里耶"同文字方"上记载了这条规定。

商周时期的作战方式以车战为主，春秋以降，步兵和骑兵相继兴起。在先秦的战场上，车和马都曾发挥过举足轻重的作用。战车对于作战而言的重大意义在相当程度上体现在提高了进攻效率，这一意义的实现主要有赖于轮子。"车"字的古文字字形便着意于表现车轮的形象，同时也连带着把与车轮相连的几个主要构件——轴、衡、辕都画了出来，有时还画出衡上的轭，其中轴用于连接两个车轮，衡是卡在马脖子上的横木，与轭一起起到控制马匹的作用，辕是连接车轴和衡的一根略带弧度的粗木棒，有保持车辆稳定的功能。值得一提的是，在甲骨文里，"车"字有一种特殊的字形，在这种字形中，两个轮子之间的轴从中间断开。一般认为，这种写法专用于表示已毁坏的车。

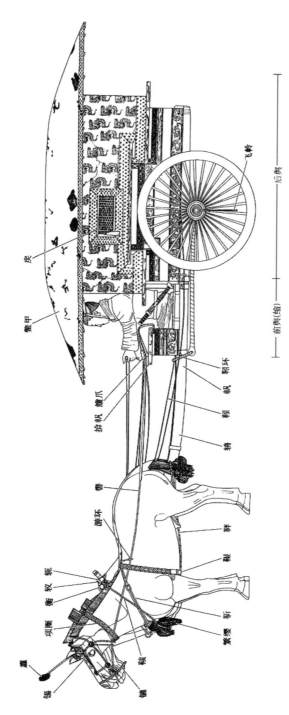

图 6-6 始皇陵 2 号铜车复原图 孙机《载驰载驱：中国古代车马文化》

| 商代金文 | 商代甲骨文 | 西周金文 | 八分 | 草隶 |

【"车"字形源流】

后来，人们把"车"字顺时针旋转了90°，继而省去代表衡、轭的部分，再把两个轮子简化成一个，就成了小篆里的"车"字。从篆书到隶书的演变中，汉字的圆转笔画变为方折笔画，于是车轮之形变成了"田"形。在汉代简牍草书中，可以看到人们把"田"形简省成一个折画的写法，这种字形慢慢固定下来，就成了我们现在通用的简化字。

车战不再流行之后，用牲畜提供动力的车就更多地被用作纯粹的交通运输工具了，其形制也随着时代发展而变化。

作为早期车辆动力的主要提供者，马在古代战争史和交通史上的地位举足轻重。马的优劣牵系着万千远行者的心，因此，古人很早便总结出辨别马匹优劣的规律，伯乐相马的故事经过韩愈的演绎，越发脍炙人口。长沙马王堆汉墓出土的帛书里有一篇《相马经》，内容正关乎辨别马匹优劣的方法，可见这一类知识受到了当时上流社会的关心。

"马"的早期古文字字形完整地勾勒出了马的侧面形象，其中最重要的区别性特征是代表颈部鬃毛的几个笔画。西周金文中的字形虽然在一定程度上弱化了躯体部分，头部只用一只眼睛代替，但对鬃毛的表现却大大强化了。尽管春秋战国时期"马"字在各国文字中的写法有着巨大的差异，秦汉之际也经历过极其剧烈的变化，但这个特征却一直被完好地保留着，繁体字形"馬"上面的几个横画就是由鬃毛之形变来的。

商代甲骨文	西周金文	古隶	八分

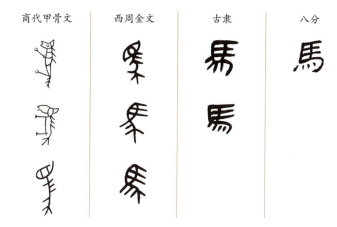

【"马"字形源流】

　　大概没有哪一种动物能够像马一样在历史上留下姓名，投江殉主的乌骓因忠肝义胆而成为不朽的传说，飞越檀溪的的卢借助辛弃疾的神来之笔而扬名立万，昭陵六骏至今仍然牵动着人们对大唐盛世的无限遐想。

图 6-7　昭陵六骏邮票

真实的上古战场

唐代文学家李华在他的名篇《吊古战场文》中极力渲染了古战场肃杀而压抑的气氛，在枯槁的草木和连天的黄埃中，他追想着千百年前的悲壮：

> 野竖旄旗，川回组练。法重心骇，威尊命贱。利镞穿骨，惊沙入面。主客相搏，山川震眩。声析江河，势崩雷电。

这段话的意思是：无边旷野上竖立着战旗，全副武装的将士沿着潆洄的河流行进。严苛的律令让人惊惶不已，在威严的军法面前，生命显得何其微贱！锋利的箭镞穿透骨肉，漫天狂舞的黄沙扑面而来，两军激烈交战，自然界的万物皆为之震荡崩析。金戈铁马早已远去，上古战场真实地发生过的一幕幕定格在历史中，我们仍能从一些古文字的形体中窥见一二。

军队这一概念在甲骨文中被抽象为"自"形，前面谈到"追"字的时候就已经对此作过介绍。本意为派遣军队的"遣"字，就由"自"形与表示双手施加动作

【"遣"字形源流】

的"臼"形组成。军队被派遣，就意味着需要行进，于是"遣"字后来就增加了与行走这一含义密切相关的"辶"旁或"走"旁，其中加"走"旁的写法渐渐被淘汰，加"辶"旁的写法经秦汉人之手流传至今。

开赴前线的将士时刻处于紧张的戒备状态。戒备的"戒"字像双手持戈的形状，其古文字形体仅仅凭借对手部动作的刻画，便能让人联想到靖边守土的将士们是何等英姿勃发。双手之形后来渐渐合并为"廾"形，为后世所继承。

| 商代甲骨文 | 西周金文 | 古隶 | 楷书 |

【"戒"字形源流】

杀戮是战场上最常见的场景，表现杀戮的古文字为数不少，在此举两个例子——"伐"和"蔑"。

在"伐"的甲骨文字形中，"戈"旁象征戈头的部分，正好从"人"旁相当于颈部的位置穿过，很清楚地描绘了用戈来砍头的画面。在后世的演变过程中，"人"与"戈"逐渐分离。

| 商代甲骨文 | 西周金文 | 战国古文 | 古隶 |

【"伐"字形源流】

"伐"是攻击头部，而"蔑"描绘的则是攻击人的下半身。与"伐"字以相对简单的"人"旁表示人体不同，"蔑"字把人的眉眼也画出来了，相比之下更显形象生动。代表眉毛的笔画后来演变成了"艹"旁，而"目"旁则并未发生太大的变化，只是笔画由弧线变成了直线而已。"戈"旁在"蔑"字中的位置与在"伐"字中也不一样，它从"蔑"字代表人的下肢的部分穿过。后来，"戈"旁和下肢结合，渐渐向形近的"戍"字靠拢。

商代甲骨文	西周金文	战国古文	秦篆	楷书

【"蔑"字形源流】

至于"蔑"的本义，有些语言学家认为可能是伐灭、歼灭，但在甲骨文中未能找到可以确凿无疑地解释为这种意思的"蔑"字。

在商代，将士会把被杀死的敌人的一只耳朵割下取走，到战役结束后，只要一数耳朵，就能知道自己杀死了多少敌人，这是记录战功的一种方式。"取"字的古文字形体就来源于这一记功方式，它由代表右手的"又"旁和耳朵的象形字"耳"旁组成，表现的正是取走割下的耳朵这一动作。

商代甲骨文	西周中期	古隶

【"取"字形源流】

战功不仅表现为杀敌，也可以表现为俘获敌军。"俘"这个词最早是用"孚"字来表示的，"孚"字的早期字形像一只手抓住一个人的头部，手即"又"旁或"爪"旁，人表现为"子"旁。

商代甲骨文	西周金文	八分

【"孚"字形源流】

战俘的经历

二十世纪中叶，世界上多个国家共同签订了《日内瓦公约》，战俘在敌国的人身安全从此有了保障。在此之前的漫长历史里，战俘的遭遇一言难尽。商周时期的战俘都经历过什么呢？尽管我们无法使历史再现，但一系列相关的古文字形体却能在一定程度上反映出当时的一些情况。

商代甲骨文	西周金文	古隶	楷书	草书	简化字

【"执"字形源流】

作为战俘，行动自由被严重限制，表现这一情形的是"执"字。"执"字的甲骨文字形像一个跪坐着的人双手被牢牢地拷住，伸出双手的跪坐人形后来与代表桎梏的部分分离，变为"丮"旁，继而变为形近的"丸"旁，桎梏之形经过相当长时间的演化，在秦汉时代变得与"幸"字相当接近，并且因此被"幸"字取代。"执"的简化字为什么把"幸"旁换成了"扌"旁呢？这一变化与草书有关。"幸"旁的草书写法与"扌"旁相似，因此，人们对高度省简的草书字形做规整化处理时，就直接把"幸"旁转写成"扌"旁了。

与桎梏之形相关的字除了"执"以外还有一些，下面再举一个形体与现代汉字差距较大的例子。

甲骨文中有一个字形，其写法是在桎梏之形的上方添加一个向上的"止"形。我们知道，"止"是脚的象形字，充当偏旁时往往表示与行动有关的意思，而方向为向上时，很可能表示离开某地，例如前面曾谈及的"出"，"止"旁向上表示离开穴居之所。因而，这个在桎梏之上的"止"旁的含义是非常明确的，就是指逃离桎梏，所以由"止"和桎梏之形组成的字，就是"逃逸"的"逸"字的前身。

商代甲骨文	春秋金文	战国古文	楷书

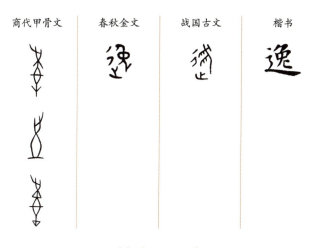

【"逸"字形源流】

春秋时期的秦文字里就已经出现了"逸"这个字形，"止"旁和"辶"旁都代表行走一类意思，相互替换是完全可以理解的，而之所以用"兔"来替代桎梏之形，是因为兔善逃逸。无独有偶，战国早期的齐文字中有用"犬"旁表意的"逸"字，因为犬与兔一样在奔跑方面有极佳的天赋。

战俘在敌国会面临刑讯，形形色色的历史题材文艺作品所描绘的古代刑讯总是充满了随意性，但事实上，早在秦汉时期，就已经有了约束刑讯行为的法规。二十世纪七十年代中期出土于湖北省孝感市云梦县的睡虎地秦简中有一篇题为《封诊式》的文书，其中《讯狱》一节便是关于刑讯程序的记录：

> 凡讯狱，必先尽听其言而书之。各展其辞，虽知其詑（tuó），勿庸辄诘。其辞已尽书而无解，乃以诘者诘之。诘之又尽听书其解辞，又视其它无解者以复诘之。诘之极而数詑，更言不服，其律当笞掠者，乃笞掠。笞掠之必书曰："爰书：'以某数更言，无解辞，笞讯某。'"

这段话详细地叙述了秦代法律规定的讯问程序，首先是让受讯人进行陈述，接下来是讯问者根据受讯人的陈述内容展开追问，若受讯人无法自圆其说，且拒不交代实情，就应该依法被处以鞭笞之刑，而且要在刑讯记录中写明施刑缘由。由此可见，我国古代的刑讯并非像一些文艺作品所表现的那样随意。

刑讯的"讯"字在甲骨文里就已经出现了，不过写法与现代汉字差别较大，"口"旁代表用口讯问，与"口"旁相对的另一个偏旁像人的双手被绳索反缚在身后，生动地表现出了受讯之人被限制行动自由的状态。

西周金文	战国古文	古隶	楷书

【"讯"字形源流】

西周金文中，反缚双手这一细节已经被忽略了，后来"幺"旁变为形似的

"糸"旁，进而与人形结合成"係"旁。在反缚双手的人形解体的同时，"口"旁也被替换成了意义相同的"言"旁。不过，由"言"和"係"组成的字形并没有被继承下来，当下通用的"讯"字形体源自秦文字，右偏旁"卂"大概是从反缚双手的"人"形变来的。

古代中国以农业立国，对于农业社会而言，国家领土的完整和社会秩序的稳定，是人们谋求生存和发展最重要的前提之一，而这一切都有赖于无数戍边将士枕戈待旦。因此，军旅文化成为中国古代文明的有机组成部分，最早的诗歌总集《诗经》中就有不少军旅题材的作品，到了唐代，这一类诗歌的创作更加繁荣，以王昌龄、高适、岑参等人为代表的边塞诗人给我们留下了动人的佳句，"但使龙城飞将在，不教胡马度阴山"，"马上相逢无纸笔，凭君传语报平安"，"借问梅花何处落，风吹一夜满关山"……报国壮志和莼鲈之思在艰苦卓绝的军旅生涯中交汇成宝贵的民族文化遗产。

农 业

迄用康年

於皇来牟，将受厥明。明昭上帝，迄用康年。

——《诗经·周颂·臣工》

周王拥有大量田地，这些田地平时都是由庶人来耕种的。每年春天，周王都会带着群臣到田里视察，并且亲自耕种一会儿，这在当时是一种礼仪性的程序，称为籍田之礼，礼毕即标志着新一年的劳动从此开始。周王以这种方式来表示对农业的重视。《臣工》一诗就是周王和臣僚们在行籍田之礼时唱的歌，这里引用的四句先描述了麦子可喜的长势，由此联想到秋天的丰收，然后向上帝祈求最终能够实现愿景。本章以"迄用康年"为题，讲述一系列与古代农业生产有关的汉字。

上古时期的粮食作物

中国是世界三大农业起源地之一，生活在黄河流域的先民很早就开始栽培粮食作物，于是，用来表示各种粮食作物的字也就随之出现了。

在古代，谷类作物一般统称为"禾"，"禾"字在甲骨卜辞里屡屡出现：

癸卯贞：东受禾。北方受禾。西方受禾。

癸丑卜，贞：今岁受禾。

图 7-1　甲骨卜辞中广义的"禾"《甲骨文合集》33244、37849

在上面引述的两条卜辞中，"禾"应该理解为谷物的统称，"受禾"一语的意思是谷物获得丰收。谷物何时丰收、当年是否能够获得丰收、在何处丰收，都是牵动着商代统治者心弦的重大问题，所以会成为经常卜问的内容，被铭刻在甲骨之上。

其实，"禾"在古代有广义和狭义之分，广义的用法泛指谷物，狭义的"禾"特指粟，也就是今天仍然常见的小米——这才是它的本义。根据植物学家的研究，在很早以前，先民就已把生长在路边墙头的狗尾草驯化为粮食作物，称之为禾。甲骨文中的"禾"有些应该按狭义来理解，我们举个例子：

图7-2　甲骨卜辞中狭义的"禾"
《甲骨文合集》28203

盂田禾稷，其御，不吉刈。弜御，吉刈。

这句话到底在占卜什么事情呢？"稷"应读成"夭"，指禾苗生病，不吐穗或者不结果；"御"是一种祭祀方式；"刈"指收割。所以整段话的意思是：盂国田地里的庄稼得了不吐穗、不结果的病，要想有所收获，要不要举行"御"这种祭祀呢？盂国是商代的一个方国，根据考古发现，这个地方盛产小米，所以，这段卜辞里的"禾"应该按狭义来理解，仅仅指小米。

由于长期以来小米都是华北地区最主要的粮食作物之一，所以"禾"的含义才会渐渐扩大成为所有谷类作物的总称。

甲骨文中的"禾"字酷似成熟的谷子，下部像稳固的根，顶部像略微下垂的穗，中间茎部挺直，叶子迎风招展，有时候还在顶部下垂的穗形上画出一颗谷子的形状。这种字形为两周金文、战国文字乃至小篆所继承，在向隶书演化的时候，像谷穗之形的部分变成了一撇，两片叶子被拉直为一横，根部则变为撇捺。

商代甲骨文	西周金文	古隶

【"禾"字形源流】

现在已经不再用"禾"来统称粮食作物了，而代之以"五谷"一词。至于"五谷"到底指哪几种作物，人们有不同的看法，不过，无论分歧有多大，有一点是人们能够达成共识的——麦和黍在"五谷"之中必定占有一席之地。

麦子在我国有悠久的栽培历史，甲骨文中就有相关的记录，不过，最早用来表示麦子的字却并不是"麦"，而是"来"。"来"字的古文字字形像一株成熟的麦

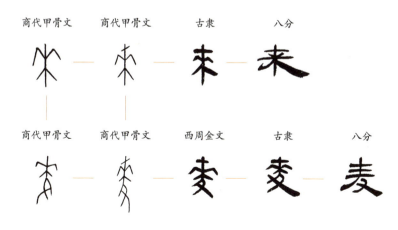

【"来""麦"字形源流】

子，中间一竖代表直立的茎，顶部的曲笔取象于茎上的麦穗，它成熟后会因重量增加而自然下垂。中部向两边逸出的笔画代表叶子，底下的两个斜笔则代表根部。象征麦穗的笔画后来变成了与竖画相交的一个短短的斜画，这个斜画一拉平，就成了隶书和楷书的字形。

"来"字最开始的时候表示的就是麦子，本章开篇所引用的诗句"于皇来牟"中的"来"，指的就是麦子，这句诗意在感叹麦子的美丽和茂盛。甲骨文中常见的"刈来"一词，是收割麦子的意思，这里举一条卜辞为例：

> 辛亥卜，贞：咸刈来。

来去的"来"这个词原来可能并没有相应的字来表示它，而在当时的语言中，这

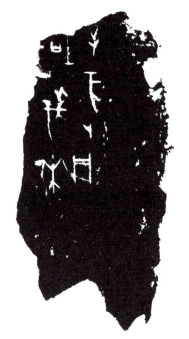

图7-3　甲骨卜辞中的"刈来"
《甲骨文合集》9565

个词的发音与表示麦子的"来"字一致或者很接近，所以就把它借用为来去的"来"了。反过来说，"来"有来去一类的意思，跟它被借用的经历有重大关系。后来，来去一类意思又引申出从来、将来等意义。

"麦"字又是从哪里来的呢？仔细观察它的甲骨文字形，就不难发现，它的主体部分正是"来"，它与"来"字不同之处在于下面多了一个"夂"形。"夂"实际上就是倒过来的"止"，"止"像人的脚底板，用作表意偏旁时一般与行走一类意思有关。由此可见，"麦"最开始的时候表示的是来去的"来"一词。

很显然，在语言文字的发展过程中，"来"字和"麦"字的意义发生了对调，才形成了今天的局面。

黍是一种高级作物，与一般的粮食比起来，香气更浓郁。不同种类的作物在形态上也存在或大或小的差别，所以，古人在造字表示这些作物的时候，就把它们之间在形态上的差别夸张地表现出来，以示区别，而这个差别主要体现在穗的形态上。

| 商代甲骨文 | 西周金文 | 古隶 |

【"黍"字形源流】

　　黍的穗是披散开来的，散穗的特征在"黍"的古文字字形中表现得非常突出。甲骨文里的"黍"字往往增写"水"旁，反映了古人引水灌溉的情形，带有"水"旁的写法为后代文字所继承。

　　黍在商代受到统治者的格外重视，根据甲骨文的记载，商王曾经亲自参与黍的耕种和收获，并且用收获的黍来祭祀祖先。下面这两条卜辞可以说明这一史实：

　　　　戊寅卜，宾贞：王往以众黍于冏。

　　　　……卜，争贞：……乙亥登……冏黍于祖乙。

　　前一句卜辞的意思是：戊寅这一天，一个叫作宾的占卜主持人为种植黍这件事而占卜。后一句因为有些字词已经残缺，没有办法完全疏通句意，但是它仍然给我们提供了很有价值的信息，其中"登"是一种祭祀方式，祖乙是要祭祀的先王，所以我们能够知道，在冏这个地方种的黍是用来祭祀先王的。

图7-4　有关商王以黍祭祖的甲骨卜辞 《甲骨文合集》10、1599

　　在商代人的心目中，黍在五谷之中拥有非同一般的地位，甲骨卜辞常常以"受黍年"表示粮食作物丰收，例如：

图7-5　甲骨卜辞中的"受黍年"
《甲骨文合集》9950 正面

　　丙辰卜，殻贞：我受黍年。丙辰卜，殻贞：我弗其受黍年。四月。

在这块龟甲的左右两边刻写着主体内容相同但具体意义相反的卜辞，像这样用一组反义问句卜问同一件事的占卜方式被称为正反对贞，先说会怎样，然后说不会怎样，最后让神明来裁决。上面那段卜辞讲的是占卜活动主持人殻在占卜粮食作物是否会丰收。在占卜之时，他的内心无疑是祈求丰收的，这种愿望在文辞上也有所体现。不难发现，在反贞部分中，否定词"弗"后面多了一个

"其"字。二十世纪七十年代，有学者发现这个"其"字暗藏玄机，在正反对贞卜辞里，有"其"字的那一句所表达的意思是人们不愿意看到的。在上面引述的这条卜辞里，"受黍年"意思是丰收，当然是众心所望；"弗其受黍年"的"弗"是否定词，相当于"不"，由于"其"的存在，这句话的语气也不同于前者，如果用现代汉语来表达这个意思，就是"应该不会歉收吧"。

黍作为高级粮食作物，气味自然优于其他粮食，所以，古人在为"香"这个抽象的词造字时，就首先想到借助黍来表意，具体做法是在"黍"字的甲骨文字形下面加一个"口"形。我们在前面的章节已经提及，"口"形作为指示符号，可以向我们提示一个合体表意字中的某个可以单独成字的偏旁所代表的具体事物的某种属性，"香"字下面的"口"旁起的正是这一作用。

西周金文	《说文》小篆	八分

【"香"字形源流】

在古文字中，"口"和"甘"形体相似，意义也彼此相关，所以"口"旁每每会被写成"甘"旁，"香"字也不例外，《说文解字》里"香"字小篆字形下面的偏旁就是"甘"。从篆书到隶书的演进过程中，"黍"旁被简化成"禾"旁，"甘"形也被写成了相近的"日"形。

黍虽然香气诱人，但产量却比较低。在上古时期，黍是专供贵族享用的，普通的劳动人民不太容易吃到，只有在收成极好的时候才有机会品尝。

禾苗在结实之前必须经历开花的阶段，这是在古人的日常生活中有规律地发生的事情，在语言文字中自然就有所反映。"秀"的本义就是禾苗开花。

秦篆	战国古文	古隶	八分	楷书

【"秀"字形源流】

　　"秀"字以"禾"为表意偏旁，表明与粮食作物密切相关，那么下面的"乃"形又是从何而来的呢？其实，这个偏旁原本并不是"乃"，而是"引"，战国晚期秦国文字里仍有完整保留"引"旁的"秀"字。在充当偏旁的时候，"引"往往被写成"弓"，二者可以互相替换，春秋时期的石鼓文和战国时期的楚国文字中都有将"秀"字中的"引"旁写作"弓"旁的例子。"引"作为"秀"字的另一个表意偏旁，表示粮食作物的花是从禾苗抽引出来的。

　　粮食作物的子实去皮之后就被称为"米"，"米"字的甲骨文字形用六个小点象征米粒，至于中间的横，很可能取象于筛子的侧视图，上面的三颗米是还没经过筛子汰选的，而下面的三颗已经过筛选，从筛子中落下。后来，人们把上面和下面中间的一点连写起来，穿过表示筛子的横画，形成一个"十"形，余下的四点分别位于"十"形的四边，下面的两点逐渐边长，成为撇画和捺画。

商代甲骨文	西周金文	古隶

【"米"字形源流】

守望在田野内外

　　农业在古代中国非常重要，人们主要的生产劳动场所便是广袤的田地。田地最明显的形态特点是阡陌纵横，早期古文字里的"田"字形象地描绘了这般景象。开始的时候，象征田垄的笔画数量不定，后来渐渐简化成纵向和横向各一笔。

【"田"字形源流】

　　种有植物的田地称为圃，语言中的"圃"这个词一开始是用"甫"来表示的。"甫"的早期古文字字形就是在"田"上面添上一个"屮"形，代表田地里种的瓜果、

【"甫"字形源流】

庄稼、蔬菜等。后来，"屮"形出现了向左弯曲的趋势，并且在此基础上进一步演变成形近的"父"旁，成为一个表音的偏旁，与此同时，"田"旁渐渐被误写成了"用"形。

由于"甫"后来被借用去表示其他的一些含义，所以人们就为它添上"囗"旁，造出"圃"字，来负担"甫"原本的表意职能。

人们按照季节和气候有条不紊地安排农作物的种植，而这个过程需要用到特定的生产工具。

上古时期，大江南北遍布森林和草地，农民在播种之前，必须要清理野蛮生长的草木。现代农业兴起以后，人们可以通过喷洒除草剂来解决问题，但古代没有除草剂，只能用特定的工具手工操作。商代最常见的除草工具叫作"辰"。

商代甲骨文	西周金文	古隶

【"辰"字形源流】

"辰"字的甲骨文字形中，"厂"形的外缘象征着辰的刃，它跟"厂"形内边缘处的一个斜笔结合起来，恰恰与"石"字的甲骨文字形完全一致，这也许并非偶然，可能正反映了辰这种农具原来是一种石器。在"石"形另一边的竖画无疑就是辰的柄，供人握持。那么柄和刃之间的那些斜画又代表什么含义？我们也许能够从甲骨文里"辰"字的另一种写法中得到答案，这种写法的"辰"字的斜画都是弯曲的，很可能表示把木柄和石刃固定在一起的绳索。

经历了漫长的演变过程，"辰"字终于变得面目全非，"石"形变成了一横和一撇，木柄之形变成了捺画，余下的笔画大概都是由绳索之形变来的。

早在商代，"辰"字就被借用去表示二十八星宿里面的心宿的名称了。《左传》昭公元年记载了春秋时期的思想家、政治家子产说的一段话：

> 昔高辛氏有二子，伯曰阏伯，季曰实沈，居于旷林，不相能也，日寻干戈，以相征讨。后帝不臧，迁阏伯于商丘，主辰，商人是因，故辰为商星。迁实沈于大夏，主参，唐人是因，以服事夏、商。

高辛氏就是传说中的帝喾，他有两个儿子，长子叫阏伯，次子叫实沈，他们俩总是发生争端，以至兵戎相向。因此，帝尧就把他们俩派遣到相隔很远的两个地方：长子阏伯被派到商丘，主祀辰星，因此他的后代商族就把辰星看作部族的守护神；次子实沈则被派到大夏，主祀参星，他的后代唐部族继承了对参星的信仰，臣服听命于夏、商。这个故事中的"辰"就是心宿，亦称大辰星。

当"辰"字有了大辰星的意思以后，人们需要用大辰星这一意象来参与造字的时候，就会用"辰"字来充当偏旁。比如"晨"（chén）字，它的甲骨文字形所描绘的就是大辰星在草木丛中，这是天将要亮的时候才会出现的景象，所以这个字大致相当于我们今天使用的"晨"字。

不过，"晨"字的字形却并非源于"晨"字。甲骨文中还有一个字，像人的双手拿着一把辰，表现的正是陶渊明笔下"晨兴理荒秽"的画面，这个字才是我们今天使用的"晨"字的早期形态，也就是说，"晨"字上面的"日"旁其实是由双手之形连写而成的。

商代甲骨文	西周金文	战国古文	古隶

【"晨"字形源流】

在"蓐"字的下方加上一个代表人手的"又"旁，就成了"农"字。

| 商代甲骨文 | 西周金文 | 古隶 | 八分 |

【"农"字形源流】

根据这个字形，我们很容易就能想象到，"农"字最初的意思是用手拿着辰这种农具割除妨碍农作物生长的草木。金文中有些"农"字出现了一定程度上的繁化倾向，在甲骨文字形的基础上添加了一个"田"旁，还有进一步添加双手之形的。后来，"木"或"屮"以及"又"旁均被省略，由"田""辰"以及双手之形组成的字形，经秦人的推广而长期沿用。

古人为什么会以清除草木的场景来作为"农"字的字形来源呢？这是因为上古时期杂树丛生、野草遍布，播种耕耘之前，必须要开荒，而除去多余的草木正是开荒过程中最为重要的环节之一，是农业生产的基础性工作。

用来除草的工具种类颇多，殳（shū）是其中一种。殳是一种木棒，冬季的时候，可以用这种木棒把干枯的杂草打碎。表示用殳除草的字是"芟"（shān），它的甲骨文字形由"屮"和"殳"组成，而"殳"字本来就由"又"和棍棒之形构成，所以"芟"表示的是人手拿着殳打击杂草。

| 商代甲骨文 | 《说文》小篆 | 八分 |

【"芟"字形源流】

把草木割下来拿在手里，便是"刍"字早期古文字字形所表达的情景。在"刍"字的甲骨文字形里，"又"象征人的手，分别位于指缝中的两个"屮"，象征被割断的草。手拿着被割断的草去干什么呢？当然是去给以草料为主要食物的牛、羊等牲畜喂食。因此，"刍"也指饲养牲畜的草料。后来，"又"旁渐渐解体，演变为两个"勹"形，于是整个字就变成了"刍"形，而今天的简化字形则是从"刍"形的草书写法中演变来的。

| 商代甲骨文 | 古隶 |

【"刍"字形源流】

在播种之前，需要把土地翻松。古人翻土用的农具种类很多，最简单的一种叫作力，它由原始时代用于挖掘植物的一种尖头木棒发展而来。甲骨文里的"力"字是一个象形字，其中较短的一笔表示的是用于踩踏的横木。因为用力这种农具松土需要很大的力气，所以"力"后来衍生出力气的意思。

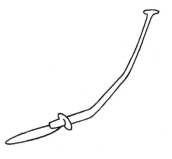

图7-6 "力"复原图

| 商代甲骨文 | 战国古文 | 古隶 |

【"力"字形源流】

　　用力这种农具耕田，便是"男"字的早期古文字字形所描绘的情形。"男"字由"力"和"田"组合而成，既可以写成上"田"下"力"、上"力"下"田"，也可以写成左"田"右"力"或左"力"右"田"。这是因为在早期古文字里，偏旁之间的相对位置往往是不固定的。不过，后来只有上"田"下"力"的写法被继承了下来。大概因为执力耕田的多是男人，所以"男"字后来衍生出了男性的意思。

| 商代甲骨文 | 西周金文 | 古隶 |

【"男"字形源流】

　　"耕"字也取象于以力耕田，但它的古文字形体与"男"字略有不同，在"力"形上附加了代表人手的"爪"形或"又"形。尽管如此，它仍然存在与"男"字混淆的可能性，因此，它的原始形体后来就被抛弃了，人们另外造出了一个以"井"为表音偏旁、以"耒"为表意偏旁的新字形。

| 战国古文 | 古隶 | 八分 |

【"耕"字形源流】

"耒"也是一种农具的名称，这种农具用于松土，与力、耜（sì）、畬（chā）均由木棒状的原始农具发展而来不同，耒是由树杈做成的原始农具演变而成的。耒的上端是一根弯曲的木棍，下端呈分叉状——这是它最突出的特征，分叉与弯木相接处有一根横木，便于用脚发力。"耒"的古文字形体直接源于耒的形状，属于象形字。后来，人们在字形上端附加了一个象征人手的"又"形，表示有人用手握着耒，在字形演变的过程中，下面的横木和叉形变成了"木"，上面的手持木柄形则变为"耂"。

图7-7 郑州城市雕塑"大禹耒"

【"耒"字形源流】

人手持着耒进行劳作的场景被古人描绘了下来，用以记录语言中的"耤"（jí）这个词。"耤"字的早期古文字字形像人手足并用、以耒松土。西周以后，人们在原来的字形基础上添上了一个"昔"旁🐾，用来表音——"昔"和"耤"在当时读音相似。战国时期的秦国人把像人形的"孑"旁省略掉了，这种字形随着秦人一统天下而广为接受，成为后世楷书字形的直接源头。

商代甲骨文	西周金文	古隶

【"耤"字形源流】

考古学家曾经发现过商代地层中有当时人使用耒、耜挖土留下的痕迹，可以与文字记载互相印证。

人们在耒的基础上稍加改进，把尖头改成宽刃，发明了耜。骨耜和木耜很早就已经被广泛使用，商代晚期出现了青铜耜，表明农业生产工具的飞跃性进步。耜再进一步发展，就出现了臿。

图 7-8　东汉执臿陶俑　　中国农业博物馆藏

臿这种农具出现得不太早，"臿"字最初表示的也并不是农具。早期古文字里的"臿"字由左右相对的两个手形、倒过来的"矢"形以及代表凹陷的"臼"形组成，从这几个部件相互之间的位置关系可以看出，它们表示的含义是，两只手拿着一支箭矢插进某个地方，并且使这个地方发生凹陷。后来，倒矢之形演变成了"干"形、"千"形。

| 西周金文 | 战国古文 | 《说文》小篆 | 楷书 |

【"臿"字形源流】

不难发现，"臿"字的本义相当于今天用"插"字来表示的含义，因此，"臿"可以被看作"插"字的早期形态。

农业生产最核心的步骤是把作物种到地里去，在古代汉语中，有好些词能够表示这一含义，其中有两个古今意义差别较大，它们是"艺"和"树"。

| 商代甲骨文 | 西周金文 | 秦篆 | 古隶 | 八分 |

【"艺"字形源流】

　　"艺"的甲骨文字形由"木"旁、"又"旁和"土"旁组成，像人手持草木种植到土地里。"木"与"土"结合在一起，就是后世的隶楷字形中"坴"这个部件的雏形。"又"旁本来代表的是人的手，西周金文中出现了连同整个人一起画出来的写法，侧立"人"形与"又"形结合而成"丮"旁，继而变作"丸"旁。这样的字形严格来说应该相当于楷书里的"埶"，不过，"埶"后来又相继累增了"艹"旁和"云"旁，写作"蓺"和"藝"，段玉裁在《说文解字注》中说，唐代的时候，这两个字已经有了明确的分工，前者表示种植一类意思，后者表示技艺一类意思。

　　"树"最初的形体由象征树木的"木"旁和象征人手的"又"旁组成，表达的含义是以手植树，也就是使树木直立起来，它的含义由此扩大到可以指把任何东西立起来。

| 商代甲骨文 | 秦篆 | 古隶 |

【"树"字形源流】

　　"树"的字形演变是一个不断繁化的过程。首先，人们在原有的字形基础上添加了一个"豆"旁，来表示"树"字的读音，由此产生的字形严格来说应该转写为"尌"。由于"尌"形本该写作"木"的部件已经被广泛地误写成"士"形，以致它的左偏旁和"鼓"的左偏旁混同起来。人们为了明确植树这一意义，在"尌"的左边重新加上一个"木"旁，把字形改造成了"樹"。在草书中，"樹"中间的部件"壴"被大大简化，其形如"又"，故而"树"的简化字形以"又"代"壴"。

唐代大诗人白居易曾经为农业生产之艰辛而感慨万千，为自己不从事生产劳动却能享用农民的劳动成果深感惭愧，他把所见、所闻、所思汇聚于笔端，写下了传诵千古的名篇：

> 田家少闲月，五月人倍忙。夜来南风起，小麦覆陇黄。妇姑荷箪食，童稚携壶浆。相随饷田去，丁壮在南岗。足蒸暑土气，背灼炎天光。力尽不知热，但惜夏日长。复有贫妇人，抱子在其傍。右手秉遗穗，左臂悬弊筐。听其相顾言，闻者为悲伤。家田输税尽，拾此充饥肠。今我何功德？曾不事农桑。吏禄三百石，岁晏有余粮。念此私自愧，尽日不能忘！

这首诗的题目叫《观刈麦》，其中的"刈"就是收割的意思。"刈"字最初的面貌并非如此，它经历了相当漫长而复杂的演变过程，才呈现出今天这副看起来似乎很简单的模样。

商代甲骨文	商代甲骨文	商代甲骨文	商代甲骨文	《说文》小篆	八分

				《说文》或体	八分

【"乂""刈"字形源流】

甲骨文中有一个写作"𠂇"形的字，它下面有一个"刀"旁，说明这个字所表示的词大概与刀有关，当它充当其他字的偏旁时，往往被简写成"𠃌"形，有时候甚至连"刀"形也省去，写作"十"形，这种形体稍经整饬，便成了"乂"形。

因此，"𠦑"就是"乂"字的早期形态。《说文解字》说："刈，乂或从刀。"这句话可以理解为，"刈"是"乂"的一种繁体写法，同时应该指出的是，"刈"字的出现远远晚于"乂"字。"乂"或者"刈"到底是什么东西呢？三国时期的学者韦昭给《国语》作注说："刈，镰也。"意思是说刈相当于今天的镰刀。

用镰刀割草，就是"艾"，表示这种意思的"艾"不读作 ài，读作 yì，即"刈草"之"刈"。"艾"字在甲骨文中有两种写法，其中一种左边是两个"屮"，代表草被割断，右边是"乂"；另一种结构是简写的"乂"从四个"屮"的间隙中穿插而过。

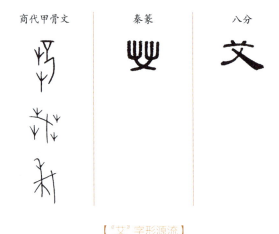

| 商代甲骨文 | 秦篆 | 八分 |

【"艾"字形源流】

镰刀不仅可以用于除草，还可以用于收割粮食。所以"艾"字还有一种左边写作"禾"旁的形体（秐），在甲骨文中专门表示割禾，而"屮"旁的字形则专门表示割草。"禾"旁的写法后来渐渐被"屮"旁的写法合并了，所以今天的"艾"字只有"艹"旁一种写法。

另一个表示以刀割禾的字是"利"字，它的基本结构从古到今都没有太明显的变化。以刀割禾需要锋利的工具，所以"利"后来引申出锋利一类意思。

商代甲骨文	古隶	八分

【"利"字形源流】

　　把割下来的禾拿在手里，就是"秉"字的古文字字形所表现的情形，所以"秉"字可以被分析成"又"和"禾"两个部件。"秉"最初指以手持禾，后来，手持任何物体都可以用"秉"来表示。在"秉"字构形的基础上再加一个"禾"形，就是"兼"字。"兼"字的两个"禾"形后来受到了很大幅度的改造，所以我们现在已经不太容易从它的楷书字形中寻找到"禾"的影踪了。

商代甲骨文	西周金文	古隶	八分

【"秉"字形源流】

春秋金文	古隶	八分	楷书

【"兼"字形源流】

　　农民身上背着一捆捆刚割下来的谷子，走在回家的路上，这就是"年"字的古文字字形所表现的情景。

商代甲骨文	西周金文	古隶	八分	楷书

【"年"字形源流】

"年"字下面是"人"，上面是"禾"，就像一个人背着禾，表示收成，洋溢着属于劳动人民的简单而充实的幸福。后来，人们在象征人之躯体处加上了一个圆点作为装饰，为了书写便捷，这个圆点又渐渐被写成短横，于是"人"就变成了"千"，这种形体为小篆所继承。在篆文向隶楷演变的过程中，"年"字里面的弯曲笔画慢慢都被写成了直线，这一变化的产物就是我们今天通用的字形。

勤劳朴实的农民把汗水洒在广袤的黄土地上，灌溉出丰硕的收成，换来负谷归仓时满足的微笑，而他们带月荷锄的形象则成为中华民族共同历史记忆的一部分。负荷的"荷"这个词最开始的时候是用"何"字来表示的，"何"的古文字字形像人担着一筐东西，生动地再现了荷锄而归的图景。后来，担着东西的"人"形简化成了一般的"人"旁，像所担的筐子和锄头的偏旁也被人们改成了形近的"可"旁，以便于表示"何"字的读音。

商代甲骨文	西周金文

【"何"字形源流】

刚收割下来的谷子水分较多，为了防止发霉和方便脱粒，就要通过曝晒使之干燥。"曝"字出现得比较晚，在古文字中，一般用"暴"字来表示"曝晒"的"曝"。"暴"字较早的字形像双手拿着草木一类的东西在太阳下曝晒，后来加注了表意的"米"旁。在秦文字中，中间像双手持草形的部分省变为"共"，汉代出现了一种省去象草木之形的写法，再晚一些，"米"旁就变作形近的"水"旁了。

| 战国古文 | 古隶 | 八分 |

【"暴"字形源流】

"曝"字通行以后，人们就很少再用"暴"字表示语言中的"曝"一词了。但在某些语言环境中，表示"曝"的"暴"字仍被使用，比如"暴露"的"暴"，本来是表示"曝"这个意思的，其书写形式却一直没有改成"曝"，因此人们就都按照残暴之"暴"的读音来读它了，异读通行既久，慢慢地取代了正读而被正式承认，成为新的正读。这种异读取代正读的现象其实有一定的普遍性。需要说明的是，表示曝晒意思的"暴"字，和暴躁、暴戾的"暴"原本并不是一个字，后者下部不是"米"，而是表音偏旁"卆"（tāo）。

春米是一道重要的加工程序。"春"字的甲骨文字形表现的正是春米的情形，像人双手持杵春捣容器中的稻谷。"春"下面的"臼"往往与"凵"混用，"凵"表示的是上古时期人们在地上挖来春米的凹坑，大概可以看作春捣容具的前身。

【"舂"字形源流】

表示舂米这一过程的字除了"舂"字还有"秦"字。"秦"的甲骨文字形上面是左右相向的两个"又"形(左边的一个严格来说应该是"左"的原始形态),中间夹着一个"午"形,下面是一个或两个"禾",其中"午"就是"杵"的原始字形。"秦"字通过这几个偏旁表达出来的含义与"舂"相近,是人双手持杵舂捣收割回来的粮食,"禾"就是粮食的象征。在战国时代东方一些国家的文字里,双手之形往往被省略掉,而在秦文字中,双手之形则常被写在"午"的下方,继而与"午"合体,逐渐演变成今貌。

【"秦"字形源流】

第一章谈到过"春"字,就楷书而言,其上部写法与"舂""秦"的上部完全一致,但在古文字阶段,它们的写法却有所不同。"春"的上部来源于"艸"旁和"屯"旁,而"舂"和"秦"的上部则源自双手持杵之形。

晒干的谷子要存放在粮仓里,早在新石器时代,先民就已经开始建造粮仓了。陕西西安半坡遗址的好些窖穴中留存有较厚的一层谷壳灰,有理由相信这些窖穴就是早期的粮仓,它们密集地分布在居住区里。到了商代,随着农业生产的发展,不仅贵族有私家粮仓,国家也有了统一管理的大型粮仓,比如《史记·殷本纪》中提及的"钜桥"就是一处重要的国有粮仓,周武王克商之后就曾打开此仓赈济难民。商代有粮仓一事在文字上自然也是有所体现的，"仓"字甲骨文字形是在"合"字的"口"上面加一个"户"，古代的门是两扇对称的，只有一扇门就叫作"户"。

西周金文　　　古隶　　　楷书

【"仓"字形源流】

　　古代又把粮仓叫作仓廪。"廪"字最原始的写法很简单，转写成楷书就是"亩"，既没有"广"旁，也没有"示"（"禾"）旁。它的甲骨文字形就像有苫盖的谷物堆。人们为了更明确地表示它的意义，就在上面添加了"米"旁，后来，"米"旁渐渐为"禾"旁所取代，接着又加上表示建筑物的偏旁"广"，下部的"禾"旁后来被辗转误写成"示"旁。"廪"字产生以后，"禀"字就不再表示仓廪的意思了。

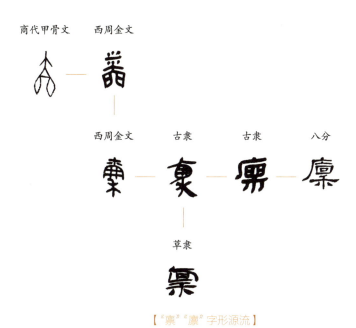

商代甲骨文　　西周金文

西周金文　　　古隶　　　古隶　　　八分

草隶

【"禀""廪"字形源流】

　　仓廪之中满满的麦子是一年来农业生产劳动圆满成功的见证，古人用"啬"来表示这种成功。"啬"的甲骨文字形就是在"㐭"的基础上添加一个表示麦子的"来"旁或表示谷物的"禾"旁，加"禾"旁的字形很快就被淘汰了。由于"来"的下部与"㐭"的上部形态相似，所以它们共用一部分笔画。汉代以后，上下两个偏旁共用的两个斜画被拉直成了一个横画。

商代甲骨文	西周金文	古隶

【"啬"字形源流】

　　墙壁的"墙"为什么以"啬"为偏旁呢？那是因为"墙"最早的时候专门指粮仓的围墙，当时，"墙"字还写作"牆"，左边不是"土"旁，而是"爿"旁，古文字里的"爿"是"床"字的原始写法，像侧过来的卧榻之形，所以它读"床"的音，与"墙"的读音相似，在"牆"字中充当表音偏旁。

商代甲骨文	西周金文	古隶	八分	楷书

【"墙"字形源流】

　　汉代以来，人们对"牆"字的结构进行了改造，把表音的"爿"旁改成"广"

旁，表示它所记录的词意义与建筑物有关，有时候还在新造出的"廥"字的左边累增一个"土"旁，表示墙壁是用土砌成的。后来，人们觉得这样的字形过于繁复，不便书写，于是把"广"旁去掉，仅留下"土"旁。

图 7-9　四川邛崃汉画像砖中的春碓入仓图像

进入农耕文明以前，采集和渔猎是人类获取生活资源的主要方式，在农耕逐渐成为主要的经济形式之后，采集和渔猎并未完全退出历史舞台，而是作为一种辅助性的生存手段与农耕长期并存。因此，人们到田亩之中去并不总是为了耕种，有时也在其间打猎，或在田间水沟捕鱼。

表示捕鱼之意的字就是"渔"。"渔"字的古文字字形不止一种，除了有"水"旁的，还有"又"旁或"廾"旁的，"又"是"右"的原型，取象于右手，"廾"表示双手，明确地表示出了"渔"就是抓捕鱼类的意思。后来，经过人们长期的选择和认同，只有"水"旁的写法被继承了下来。

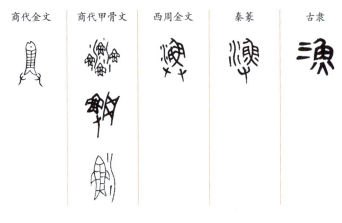

商代金文	商代甲骨文	西周金文	秦篆	古隶

【"渔"字形源流】

　　古人捕鱼的主要工具是网，"网"字是一个象形字，它像张开的渔网，里面交叉的斜笔表示网的纹路。后来，人们为了表音的需要，在里面加上读音相近的偏旁"亡"，相应地，又在左边添加一个表意偏旁"糸"以表示网是用丝织成的，"網"这个字形就是这样产生的。二十世纪五十年代，汉字大规模简化，于是"網"又重新简化为"网"，这也是一个有合理依据的简化案例。

商代甲骨文	古隶	八分	楷书

【"网"字形源流】

　　网不仅被用于捕鱼，还常常被用于猎取其他动物。由于各种猎物在体型大小、生活习性等方面不尽相同，所以人们发明了多种形制的网罩类工具，以适应不同的用途，还给它们分别命名，用来记录这些名称的字有相当一部分是以"网"为偏旁的。

　　楷书"罪"字上面写作"四"，但从"罪"字的古文字字形可以看出，上面本来是"网"旁，由于形体被误写，以讹传讹，积非成是，变成了"四"。下部的"非"是用来表音的偏旁，没有任何表意功能，有些人认为这个"非"旁表示非法行为，是不正确的。"罪"的本义其实也是一种捕鱼的竹网，由于我们未能目睹它最原始的字形，所以它究竟指什么样的网就不得而知了。

【"罪"字形源流】

　　有一些表示捕猎用的网罩的名称的字，本来没有"网"旁，后来为了明确其含义才加上"网"旁，"罕"字就是一个典型的例子。从甲骨文中可以看到，"罕"的字形像一个长柄的网罩型工具（𝅘）。大约在西周中晚期，它开始增繁，上面被添上表音的"今"旁，下面被写成"𦰩"状（𧆐），朝着"禽"字的方向发展，表示擒获的意思，这个意思今天用"擒"字来表示。后来，人们又造出由"网"和"干"两个偏旁组成的"罕"字，"网"表意，"干"表音。"网"形的两个"X"被简省成一个，在快速而潦草的书写中，"X"形与"八"形混淆，于是产生了现在通用的字形。

商代甲骨文　西周金文　西周金文　秦篆　古隶

秦篆　楷书

【"罕""禽"字形源流】

《诗经》中有一首题为《鸳鸯》的作品，这首诗的第一句写道：

鸳鸯于飞，毕之罗之。

"毕"指的是长柄的小网，"罗"则是张在地上没有柄的大网，"毕之罗之"大概应当看作互文句，学者程俊英将这句诗译作：鸳鸯双飞不分开，用罗用网捕回来。

西周金文　秦篆　八分

【"毕"字形源流】

毕的柄比较长，形制和功能与罕相近，用于追捕运动速度快、身体灵巧的兔、鸟等动物。"毕"的繁体字写作"畢"，它的古文字形体由"田"旁和开口向上的网罩之形组成，表示毕的用途是田猎。这种原始的"毕"字有繁简两种写法，与简体相比，繁体写法把网罩上纵横交错的丝线抽象成"十"形或"X"形，这一形体直到晋代还出现过，写作"**華**"，只不过早已不是主流了。自西周以来，主流的写法都是如前所述的上"田"下"**華**"之形，总体来说经历了笔道从圆转弯曲变成方折平直的过程。

"毕"在现代汉语中是结束、尽头的意思，这些意思和打猎的网罩风马牛不相及，那么，结束、尽头之类的意思是怎么来的呢？清代学者段玉裁的解释是，"毕"是被借用去表示结束、尽头一类意思的，这些意思原来应该用"**斁**"（bì）字来表示，《说文解字》对"**斁**"字的解释就是"尽也"。

上述几个字的早期字形都取象于用于捕猎的网罩。捕猎最好的结果便是抓住了猎物，抓到猎物这一含义在古文字中可用"獲"字表示。"獲"一开始写作"隻"，"又"旁代表人的手，"隹"代表禽鸟，所以它的甲骨文字形就像一只手抓住一只鸟，后来，人们在"隻"的基础上增繁成"獲"，简化字"获"则源于"獲"的草书。表示"获"一词的"隻"这个字形通行许久以后，曾被借用去表示与"双"相对的"只"一词，这种借用跟前面屡次提及的和读音相关的借用不同，只取被借字的形体。

| 商代甲骨文 | 古隶 | 八分 | 草隶 | 简化字 |

【"获"字形源流】

"獲"表示打猎所得,"穫"表示耕种所得,这两个字后来合并、简化为"获"。

经过从采集经济到种植经济的过渡,华夏民族走进了农耕文明的时代,这一跨越奠定了以农为本的底色。自古以来,农业生产便与国计民生息息相关。在面向黄土背朝天的朝朝暮暮里,世世代代的中国人日复一日、年复一年地精耕细作,把辛勤的汗水洒落在一望无际的田野,在晨曦中、夕照里留下佝偻的身影。千千万万农民不畏艰辛地劳作,使得如今占世界 7% 的耕地养活了占世界 22% 的人口,"谁知盘中餐,粒粒皆辛苦"。

工 业

开物成务

子曰：「夫易，何为者也？夫易，开物成务，冒天下之道，如斯而已者也。」

——《易·系辞》

孔子这句话意在阐明易这门学问的作用，他说，易的内容囊括了世间万物运行的规律，因而可以帮助我们领会事物的本质，从而成就天下大大小小的事业。在孔子眼中，易是人类认识世界和改造世界的重要工具。在孔子与世长辞约两千年后，明代人宋应星化用"开物成务"一句，并与《尚书·皋陶谟》中的"天工人其代之"相结合，将他撰写的工艺百科全书命名为《天工开物》。宋应星的这部书介绍了中国十七世纪以前的农业和工业生产技术，其中与工业相关的篇幅尤多，甚至可以被看作一部浓缩的中国古代工业生产史，字里行间闪耀着中华民族集体智慧的光芒。本章以"开物成务"为题，以文字为钥匙，打开中国古代工业生产世界的大门。

青铜器是如何制造的

宋应星在《天工开物·冶铸》的开篇谈到了冶铸技术的起源：

> 首山之采，肇自轩辕，源流远矣哉。九牧贡金，用襄禹鼎。从此火金功
> 用日异而月新矣。

这段话说的是：上古时期，黄帝曾经在首阳山开采铜矿，到了夏代，九州的首领
向王室进贡金属，为大禹铸造九鼎助一臂之力。从那以后，借火力来冶铸金属的
工艺便日新月异地发展起来。黄帝、大禹的传说固然不能完全采信，中国的冶铸
史能否追溯到史前时期，还要依靠考古证据来说话。考古学家曾经在四千多年前
的龙山文化遗址中发现过铜块和铜渣，说明中国冶铸技术确实源远流长。

到了商代，金属冶铸技术得到进一步发展，甲骨文中出现了与冶铸有关的
记载：

> 王其铸黄吕，奠血，叀今日乙未利？

这条占卜记录提到，商王要铸造一种被称为"黄吕"的金属，按照当时的习俗，
铸造之时需要用动物的鲜血来祭祀。因为铸造金属是一件重要的事，所以需要提
前预知吉凶。

上面引述的占卜记录中的"黄吕"指的是由铜矿石炼成的铜块，"吕"字的早
期古文字写作两个粗大的实心点（ᏸ），像两个金属块上下叠加在一起，颇有"文

图8-1　甲骨卜辞中的"黄吕"　《英国所藏甲骨集》2567

字画"的遗风。后来，为了更准确地表示"吕"是一种金属，人们就给它添上了"金"旁，成为"铝"字，仍然表示铜块的意思。十九世纪中叶，欧洲人发现并提炼出来的一种延展性较强的银白色轻金属传入中国，人们借用了当时使用频率已不太高的"铝"字来表示这种金属的名称。

"吕"有什么用途呢？甲骨文中有这样的一条占卜记录：

丁亥卜，大贞：……其铸黄吕……作盘，利，更……

图 8-2　有关"黄吕"用途的甲骨卜辞　《甲骨文合集》29687

这段话虽然因为甲骨片碎裂而残缺不全，但我们至少还能够看到关键信息——"铸黄吕"和"作凡"，其中"凡"是"盘"的通假字。我们由此可以推知，"黄吕"是制作盘这一类器皿的原材料。类似的记载在稍晚一些的金文中也能看到，如曾伯霖簠铭文中有一句这样的话：

> 余择其吉金黄镛，余用自作旅簠。

铭文中的"镛"是"吕"的通假字，这句话的意思是，曾伯选择坚硬的铜块来制作簠。

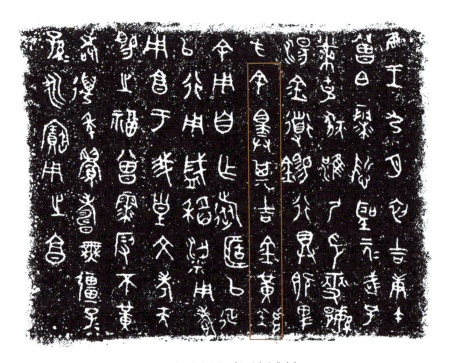

图 8-3　曾伯霖簠铭文　《殷周金文集成》4632

　　无论盘还是簠，其成品材质都是青铜，即铜锡或铜铅合金。青铜器在上古时期不仅是贵族阶层的日常实用器具，更是祭祀、宴饮等场合中的礼仪载体，不同尺寸、不同形制的青铜器有着不同的使用规范，反映出特定的社会制度和社会秩序。作为青铜器的重要原料，铜在当时受到格外的重视，以至商王特地为铸铜占卜吉凶。

顺带谈一个与"吕"字关系紧密的字——"予"。"予"既可用作第一人称代词"我"，也可以表示给予的"予"，这两个意义都比较抽象，很难描摹成一个具体的形象，于是人们不得已借用读音相似的"吕"字来表示它，后来稍加改造，把两个空框改成倒三角形，在底部添上一竖，以示与"吕"相区别。这种形体的草率写法进一步发展，就成了今天通行的面貌。

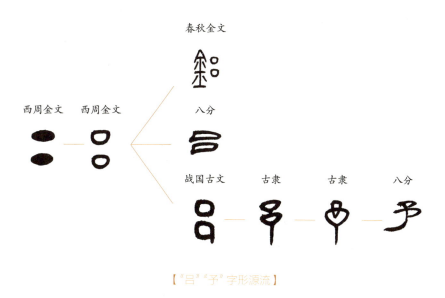

【"吕""予"字形源流】

　　"吕"的本义是铜块，所以与这一意义有关的字就会以"吕"为偏旁，比如"段""匀""金"等。

　　"段"字的古文字字形由"殳""厂""吕"三部分组成，前面说过，"殳"表示人手持棒槌击打，"厂"代表山崖，而"吕"则表示含金属的矿石，因此"段"的意思就是手持棒槌在山崖下锻打矿石。由此不难推知，"段"就是"锻"的原形。用力锻打矿石，矿石会被打断，因而"段"也就有了截断、分开的意思，当"段"更多地被用去表示这些意义以后，人们就另造了"锻"字来专门表示"段"的本义——锻打、锻造、锻炼。

西周金文	秦篆	古隶	八分

【"段"字形源流】

"匀"字中的两点源于"吕"字，它的原始形体应分析为以"吕"表意、以"勹"（xún）表音。既然用"吕"旁来表意，那就说明它的本义与金属有关，有学者指出，它是"钧"的前身。

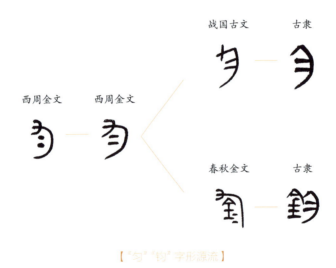

【"匀""钧"字形源流】

"金"字的两点的来源同样与"吕"字有关。它最早的形体以"吕"为偏旁，后来"吕"和右边部分越挨越近，穿插到了三个横画之间，人们为了视觉上的平衡，就在四个空位各加了一点，其后，分布在第一横和第二横之间的两点被省去，剩下的部分就是今天通行的形体。

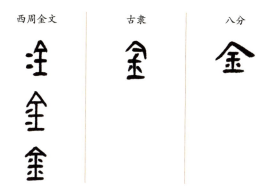

西周金文	古隶	八分

【"金"字形源流】

"金"这个词并非一开始就像今天一样指黄金，在上古时期，它特指青铜，后来又泛指一切金属。一些从古代沿袭下来的词汇仍然保留了它的古义，例如"金文"指的是青铜器铭文，又如"金戈铁马"中的"金"指的是金属。

先秦时代铸造青铜器的方法主要有块范法和失蜡法两种，工序均较复杂。其中块范法应用范围较广，其工艺流程是：1. 先用黏土为将要铸造的器物制作一个同样大小的模型——内范，等它基本成型后，在它的表面敷上一层黏土——外范，随后将外范切割成若干块，卸下待用。2. 从内范的表面均匀地刮除一层黏土，目的是，稍后将卸下的若干块外范重新拼起来放到内范上时，可以在内外范之间产生相当于器壁厚度的空隙。3. 将泥范烤干使之变硬。4. 将融化成液态的合金从预先留出的孔中注入内外范之间的空隙，同时，空隙中的空气从气孔排出。5. 待金属液冷却、凝固，卸下外范，取出内范，器物铸成。

商周青铜器外壁多有精美而繁复的纹饰，内壁往往有长短不一的铭文，它们是怎么制作出来的呢？先说纹饰，纹饰是在制作内范的时候雕刻在内范表面的，在将外范敷压到外范表面时，它就会印在外范的内面了，所以能够呈现在成器的外壁。关于铭文的铸造方法，学界有过各种各样的观点，一种较为合理的解释

图 8-4 《天工开物》中的铸釜图

是，用黏土捏成笔画粘在内范的表面，所以等器物铸成后，铭文便以阴文的形式出现在它的内壁。

　　制作泥范的场景在古文字中也有所反映。"则"字的早期字形由"鼎"和"刀"两个偏旁组成，表现的正是用刀雕刻、切割泥范的情景，以"鼎"为偏旁是因为鼎是青铜器中的重器，具有代表性。后来，"鼎"旁被替换成了笔画更少的形近偏旁"贝"。因为泥范是青铜器成品的模型，铸造青铜器必须以泥范为基准，所以为表示法则、准则等意思的"则"造字时，古人就想到了雕琢泥范的场景。

西周金文	古隶	八分

【"则"字形源流】

　　"则"字以"刀"为偏旁，说明刀是为青铜器制模的过程中比较重要的工具。古文字里的"刀"字是个象形字，像一把竖立摆放的刀，中间的短撇代表护手，短撇以下的部分代表刀柄，短撇以上则为刀刃。刀柄后来演变成了横折的下折部分，刀刃则变为横，护手由短撇拉伸而为长撇。

商代金文	商代甲骨文	古隶	八分

【"刀"字形源流】

如何能够确定"刀"字的古文字字形各部分的象征意义呢？这就需要把相关的字形联系起来考察了。"刃"字的古文字写法是在"刀"字短撇上方画一道平行于刀身的曲线，或者在"刀"字短撇上方画一个圆圈，作为指示刀刃所在的符号。刀刃的位置确定了，"刀"字形体其他各部分的象征意义也就一目了然了。

商代甲骨文	古隶

【"刀"字形源流】

刀是用来切割东西的工具，切割的动作又叫作"分"。"分"字的形体古往今来并无多大变化。"分"既然有分割的意思，以"刀"为偏旁自在情理之中，然而，"八"作何解呢？"八"的写法古今无别，均为撇捺背分之形，本来就有分开的意思，因此以"八"和"刀"为"分"的偏旁，表示用刀将物体分开，是非常合理的。

商代甲骨文	西周金文	古隶

【"分"字形源流】

"勿"字也跟"刀"旁有关，它是"刎"字的前身，本义是杀，其古文字字形是在"刀"形中刀刃所在的一侧加上几个象征血滴的小点。后来，这些点变成长撇，与刀形结合在了一起。经过这一演变过程，"勿"与"刀"的关系已不能一目了然，同时，"勿"的使用情景也发生了巨大的变化，人们更多地借用它来充当否定词。

商代甲骨文	西周金文	古隶

【"勿"字形源流】

"勿"还有杂色的意思，在甲骨文里，杂色牛被称为"勿牛"。当人们在甲骨上契刻"勿"和"牛"二字时，往往把它们刻成相互粘连的样子，仿佛是一个字的两个偏旁，久而久之，人们也就把它们当成一个字了，这样就产生了一个表示杂色牛的新字——"物"。

商代甲骨文	古隶	八分

【"物"字形源流】

在青铜器制造的流程中，浇铸是一道核心工序，"铸"字的早期古文字形体生动地反映了上古时期人们浇铸金属的场景，它上面的部分由"臼"和倒过来的"皿"两个部件组成，像双手拿着一个容器向下倾倒铜液，倒"皿"形有时会被替换为"鬲"旁，无论方向如何，所表示的含义都是没有区别的；下面的部分是一个正常摆放的"皿"形，代表泥范，即模子。在西周金文中，会增加"匋"旁（■），其功能是表音。到了春秋时期，人们又往"匋"旁的旁边塞进一个"金"旁（■），其作用是进一步明确字义。战国时期，各国的"铸"字写法都不太一样，后世继承的是秦国的写法，即把春秋时期的字形上下两部分都省去，仅留下中间的"金"和"匋"，继而把"匋"改成用它表音的"寿"，这个字的演变历程至此告一段落。

商代金文	西周金文	春秋金文	古隶

【"铸"字形源流】

图8-5　山东宏道院汉画像石中的冶铸图像

浇铸是把液态的金属注入泥范，因此"铸"孳乳出了"注"，最早用来表示"注"的字形像手拿一个装有液体的器皿向另一个器皿倾注，手形有时会被省去。后来，人们又另造了一个形声字"注"。"注"形的出现并非自然演变，而是人为地另起炉灶的结果。

【"注"字形源流】

玉不琢、不成器

中国人使用玉器的历史可以追溯到新石器时代。考古学家在浙江余姚河姆渡文化遗址中发现了一批生产于大约七千年前的玉器，尽管工艺较为粗糙，形制也称不上丰富，但足以说明我国有着悠久的玉器制作和使用历史。内蒙古自治区翁牛特旗曾发现一件"C"形的玉龙，后经考古学家鉴定，确认为红山文化遗物，制作者综合运用浮雕、透雕、圆雕、线刻等多种手法来表现想象中的龙的形象，其工艺水平已经超过河姆渡遗址出土的玉器。

图 8-6　红山玉龙　中国国家博物馆藏

到殷商时期，使用玉器在贵族阶层中成为时尚，位于河南省安阳市的商代后期都城遗址殷墟出土过数以千计的玉器，其中妇好墓就出土了七百多件。甲骨文中也有"玉"字，它的字形像一串片状的玉被串在一起的侧视图。后来，用以贯穿玉片的一竖缩短，不再穿过最上面和最下面的玉片。到了战国时期，为了与"王"字区分开来，人们想出了各种各样的办法，其中秦国人的办法是加上一点。随着秦灭六国，书同文字，这种写法也就沿袭了下来。

| 商代甲骨文 | 西周金文 | 八分 |

【"玉"字形源流】

《韩非子·和氏》中所讲述的和氏璧的故事我们早已耳熟能详，在这个故事中，和氏璧之所以没有一开始就得到认可，是因为它未经雕琢，呈现给人们的面貌无异于普通的石头。由此可见，玉石只有经过精雕细琢以后，才能显现光华。

尚未雕琢的原始玉石称为"璞"，"璞"字早期古文字字形生动而具体地描绘出了双手握着一个像凿子一样的工具在山洞开采玉石的画面。

| 商代甲骨文 | 西周金文 | 秦篆 | 古隶 | 八分 |

【"璞"字形源流】

半包围的外框相当于"宀"旁，表示一个非露天的场所，这个外框上面加一个"山"形，表明这个场所是山洞。"玉"旁表示的无疑是玉石，"玉"下面的字形，像一个箩筐。"玉"和箩筐右边的部分像双手持凿之形，上面的是凿子的象形字——"辛"，下面是持物的双手之形——"廾"。这个字形不仅可以表示玉璞的"璞"，还可以表示获得玉璞的动作的名称——"扑"，"扑"和"璞"这两个词有共同的来源，在早期它们共用一个字形，后来才逐渐分化。虽然"璞"字的早期形体颇为复杂，但它的演变路径却很容易勾勒。双手持凿之形变成了"美"旁，"玉"旁保留原样，就成了今天的通行写法。

刚才提到，"辛"的早期古文字字形像一个凿子，因其象形程度之高，似乎并不需要对原始形体多作解释，我们要略作说明的是它的演变过程。西周时期，人们偶尔在字形的顶部多写一横，同时在下部的竖画上画一个粗黑的圆点（ᵺ），作为一种装饰。这两个无意义的装饰性笔画后来却顺利地被继承了下来，上面的横慢慢缩小成点，下面的点则拉长而成横（ᵺ）。现代汉字中不少笔画都是由古文字中的装饰性笔画演变而来的，"辛"字的情况就是一个典型的例子。

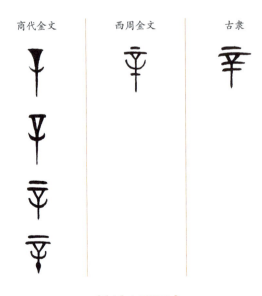

商代金文	西周金文	古隶

【"辛"字形源流】

我们已经知道了"辛"是凿玉的凿子,"章"字以"辛"为偏旁。今天描述"章"字的结构时一般会说"立早章",《说文解字》则告诉我们是"音十章",实际上这两种说法都不符合"章"字的构造原理。早期古文字里的"章"字既没有"立""早",也没有"音""十",它是由"辛"和一个类似于"日"的部件组成的,但它的构形意义还不清楚。"章"字的演变过程与"辛"字几乎平行,同样是顶上和脚下各加一个装饰性的笔画。至于中间竖画断开的写法,最早出现在西周晚期,其缘由不得而知。

| 商代金文 | 西周金文 | 秦篆 | 古隶 | 楷书 |

【"章"字形源流】

自古以来,西北地区就是我国重要的玉料产区,因而生于斯长于斯的人们便把贵重的玉器看作财富的一种象征,和田、蓝田等地出产的玉至今仍然被视为稀世奇珍。随着先民对东南地区的持续开发,越来越多的人口在这里繁衍生息,然而东南地区玉料产量极低,于是贝取代玉而成为象征财富的贵重物品,甚至用作货币。在古代典籍中,"贝玉"作为一个复合词专门指贵重财物,由此可见,"贝"和"玉"对古人而言具有同等重要的意义。基于此,接下来我们顺带谈几个与"贝"有关的字。

"贝"字的早期古文字字形取象于海贝,笔画拉直而成"貝"形,其草书省三横而成一撇,楷化为"贝"形。

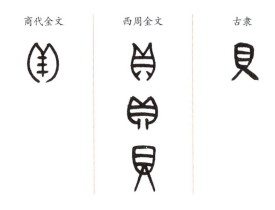

商代金文　　　西周金文　　　古隶

【"贝"字形源流】

　　珍贵的海贝落到手里，是"得"字的原始字形所表现的画面。"得"是一个比较抽象的概念，难以直接表现，所以古人另辟蹊径，把它的字形设计为手里拿着人人都想得到的东西——可以充当货币的海贝。想要获得某样东西，必须付出相应的劳动，因此，人们为"得"字添上了表示行动的"彳"旁，后来，表示右手的"又"形由于加了一个装饰性的点，慢慢演变成了"寸"形。在汉代，由于隶书的外轮廓偏扁，所以要把斜向的笔画尽可能拉直成水平方向，于是"贝"形下部的

商代甲骨文　　　西周金文　　　古隶

【"得"字形源流】

两点变成了一横，如此一来，整个"贝"形就有了许多平行的横画，人们进一步省并重叠的横画，将其上部由"目"形简省成"日"形。

把大量的贝和玉聚集在一个空间之中，就成了一座宝藏。"宝"字的早期古文字形体便是把"贝"和"玉"两个部件写在"宀"的内部，后来增加了"缶"，作为提示读音的偏旁。汉代中山王的印章上出现了省去"缶"和"贝"的"宝"字，这种简易的写法在唐代敦煌变文写本和明清时期的民间契约文书中也时有出现，最终成为二十世纪以后的简化汉字的源头。

| 商代甲骨文 | 西周金文 | 汉篆 | 八分 | 楷书 |

【"宝"字形源流】

宋应星在《天工开物》的序言里说，这部书的指导思想是"贵五谷而贱金玉"，即以农业为本，这句出自西汉名臣晁错笔下的话穿越近两千年，在晚明激起余波。然而，不管人们对待农业的态度如何，金玉作为财富、地位的象征这一点从来就不曾改变过。正是因为如此，人们为了得到精金美玉，不惜千锤万凿，矿冶业也由此而成为中国古代工业体系中举足轻重的一部分，代表着古代手工业生产的较高水平。本章所述的与矿冶工业有关的汉字，无不是古人千锤万凿的艰辛写照。

饮 食

唯食忘忧

魏子曰：「吾闻诸伯叔，谚曰：『唯食忘忧。』吾子置食之间三叹，何也？」

——昭公二十八年《左传》

《左传》中记录了这样的一个故事：晋国大夫阎没和叔宽两人受邀与上司魏舒一起吃饭，可是他们一顿饭的工夫叹了三次气。魏舒觉得不对劲，就引用了"唯食忘忧"这句谚语，问他们有什么忧愁连吃饭的时候都放不下。于是阎没和叔宽告诉他："刚开始吃的时候担心不够吃，所以叹气；吃到一半又想，哪有别人请吃饭还不满足的道理呢？于是再次叹气；吃完之后，觉得自己虽然是小人，但应该用君子的原则来要求自己，吃饱了就该满足了。"魏舒自然听懂了他们的弦外之音——人要知足，拒不受贿。古希腊伟大诗人荷马的杰作《奥德赛》中也有这样的句子："尽管我内心悲伤，但肚子却叫我吃喝，并且让我忘记忧愁。"与"唯食忘忧"一语遥相呼应。早期古文字中有很多与饮食有关的字，其中有一些沿用至今，有一些早已湮灭在历史的尘埃中。本章以"唯食忘忧"为题，讲述与饮食有关的一些汉字。

钟鸣鼎食的世界

中国饮食文化与古代礼制有着密切的关系，餐具的形制、使用场合、使用方式都有严格的规定，很早就被打上了深深的等级印记。盛行于西周的"列鼎制度"就是一个清晰的侧影，天子、诸侯用九鼎，卿用七鼎，大夫用五鼎，士用三鼎或一鼎。鼎在上古时期还有特定的象征意义，相传大禹曾经在荆山下以九牧之金铸造了九鼎，象征九州，所以后来鼎从一般的炊煮饮食之器发展为国家政权的重要象征。春秋时期，楚庄王北伐，向周天子询问九鼎的重量，暗示了夺取周室江山的意图。战国时期，秦国的昭襄王灭周，据传，将九鼎迁至秦国的都城咸阳时，其中一个掉进了泗水，约三十年后，他的后代秦始皇统一了六国，在巡游途中经过彭城，派了近千人下泗水打捞。虽然鼎没有捞到，但"泗水捞鼎"却成了代代相传的故事。

考古发掘出土的鼎足部和底部往往会有烟气凝积而成的黑色灰烬，这是长期烧灼留下

图 9-1 史鼎 故宫博物院藏

图 9-2   河南南阳汉画像砖中的泗水捞鼎图像

的痕迹，可见烹煮食物是鼎的主要用途之一。此外，鼎也可以被用来烧热水，小型的鼎还可以在宴席上充当肉和调味料的容器。

鼎一般有三足和两耳，它的古文字字形也正像一个三足两耳的圆鼎。随着汉字在发展演变过程中象形程度不断降低，早在商代，三足之形就有了简化成两足的苗头，后来两耳也被省略掉了，上面讹变成"目"形，逐渐接近今天的楷书。

商代金文	商代甲骨文	西周金文	古隶	八分	楷书

【"鼎"字形源流】

在上古时期，语言中"圆"这个词通常是用"员"字来表示的，"员"字上面的"口"旁是从"员"（"圆"）的原始写法"○"演变而来的，下面的"贝"旁则是从"鼎"变过来的。之所以以"鼎"为偏旁，是因为当时的鼎多数是圆口的。后来，上"○"下"鼎"的字形随着"鼎""贝"二字字形相混而简省演变为"员"。在秦汉时代的简帛墨迹中，还常常可以看到用"员"字来表示"圆"这个词的情况。但由于"员"字同时还兼有别的职能，例如表示人员的"员"等，所以人们又在它的外边加上一个读音跟它有点接近的"囗"（wéi）旁，分化出"圆"字，专用于表示"圆"这个词。

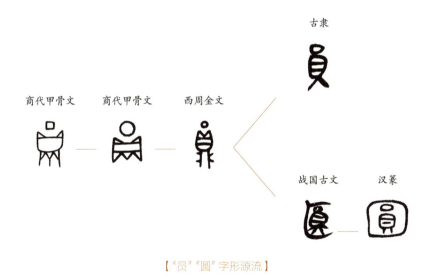

【"员""圆"字形源流】

鼎多用来烹煮或盛放肉食，常与用于盛放主食的簋（guǐ）配套使用。簋多有盖，人们在吃饭的时候可以先把簋里面的主食舀到簋盖上，然后再凑到嘴边吃。

图9-3 西周早期圆簋 宝鸡青铜器博物院藏

"簋"字最原始的写法就像簋的侧视图，最上面的部分像合拢的簋盖，中间像簋身，下面的几笔象征着的簋的底座——一个承托器身的环状足，这种形态的底座一般被称为圈足。现代汉字"簋"中间的"皀"就是从"簋"的原始写法演变而成的，下面的"皿"旁表示簋是一种器皿，而上面的"竹"旁则表示古代的簋有些是竹制的。

商代甲骨文	西周金文	八分

【"簋"字形源流】

西周和春秋时期，"簋"字常常被写成左"皀"右"殳"。随着时间的流逝，这个字形渐渐不为人所识，宋代人都把这个字认成了"敦"字，从而混淆了簋和另外一种叫作敦的器具。直到清代，一些学者发现这个流行了好几百年的说法是错误的，从此之后，人们才重新认识了簋和"簋"字。

簋中有食物，就是"食"字最初的写法所描绘的情景。最上面的两个方向相背的斜画中间夹着一横，像掀开的簋盖，有时候人们还会在旁边画上几个小点，也许表示掀开簋盖时洒出的粮食颗粒。汉代以后，下面的簋形演变成"艮"，和簋盖的短横写在一起，逐渐跟当时隶书里与之形似的"良"字混淆、趋同。实际上"食"和"良"并没有什么关系，这种混同只不过是文字形体演变过程中发生的意外，只是，这样的意外实在是屡见不鲜。

【"食"字形源流】

表示食物的"食"后来又有了饮食、喂食之类的意思，人们为了减少"食"字的负担，便在它的右边添上了一个表音的"司"旁，组成"饲"字，来表示喂食的意思。在现代汉语中，"饲"的对象一般是动物，但是，在古代汉语里，"饲"的对象也可以是人。"饲"字还有一个异体，写作"飤"，专门用来表示施加于人的"饲"。

在正式的宴席上，鼎和簋的配套方式有一定的规范，具体的规格标准视身份而有别，比如天子用九鼎八簋，诸侯用七鼎六簋，卿大夫就只能用五鼎四簋，依此类推。鼎和簋这两种常见的饮食器具的使用深刻地体现了中国传统的礼仪文明。

鬲是一种用途与鼎相似的器具。考古学家们在仰韶文化和龙山文化遗址都发现了陶鬲，说明新石器时代鬲就已经被人们普遍使用了。鬲和鼎一样有三条腿，但它的腿是与腹部连通的，而鼎的腿并没有这样的特点。鬲的腹部很大，从上往下看就像一个敞开大口的袋子，这样的外形有利于扩大受热面积，从而更快地煮熟食物。后来，鬲的袋形腹变小，渐渐地就变得不适合烹煮而只能用来盛食物。大约战国晚期，鬲就消失在人们的日常生活中了。

图9-4 豆鬲 中国国家博物馆藏

商代甲骨文	西周金文	秦篆	楷书

【"鬲"字形源流】

"鬲"字最早的写法就像一个鬲的侧视图，有时候写作敞口形，有时候写作细口形。战国以后，像鬲足的部分渐渐变得像"羊"形，秦人在像鬲腹的部分添上一个"X"形，大概是象征当时常见于鬲身的花纹，这种写法恰好被小篆继承了下来，并且进一步演变成今天的模样。

用鬲来煮的食材大概有两类：一类是肉，考古学家曾经在出土的春秋战国时期的陶鬲里面发现过猪骨头，说明这个鬲很可能被人们用来煮过猪肉；更常见的是稀饭、粥一类主食——"粥"字的字形就与鬲这种容器有着千丝万缕的关系。

《说文》小篆	楷书
𩱙	粥

【"粥"的小篆字形】

我们现在写的"粥"字是两个"弓"中间夹着一个"米"，粥用米煮成，以"米"为偏旁很好理解，但是，为什么旁边会有两个"弓"呢？原来，"粥"字的两个所谓"弓"形与弓并没有关系，从"粥"字的小篆字形就可以看出，中间是用来煮粥的炊具鬲，"鬲"旁上面的"米"表示鬲中有米，而左右两边的也并不是"弓"旁，而是两根细长的曲线，像鬲的侧视图的两条边，只不过略加变形而已。在《说文解字》中，"粥"字属于"弜"部，而所谓"弜"，实际上就是从两周金文中模拟鬲之侧视图的"𢎘"形变来的。

在鬲上面架一个大口盆子，就组成了另一种器具——甗（yǎn），被放在上面的大口盆则称为甑（zèng）。甗主要被用作蒸炊器，其中下面的鬲盛水，上面的甑放置食材，通过烧火加热鬲中的水，产生高温的水蒸气，从而煮熟甑内的食物，其工作原理与现在的蒸锅没有太大区别。

甑在内部结构上的主要特征是底部有一个布满小孔的铜片——箅（bì），以便让水蒸气通过。人们为表示甑而造的字"曾"，形象地描绘出了

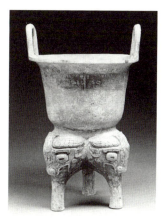

图9-5 西周早期甗
宝鸡青铜器博物院藏

这一构件。早期古文字里的"曾"字上面有两个方向相对的斜向笔画，它们象征的是蒸煮食物时冒出的蒸气，而字形下面类似于"田"形的偏旁，代表的就是有许多孔洞的铜箅。

商代甲骨文　西周金文　春秋金文　古隶　楷书

【"曾"字形源流】

西周金文中的"曾"字下面往往会被添上一个"口"旁，作为一种装饰。到了春秋时期，人们继续对字形进行繁饰，在"口"旁里面加上一横，使之变成"甘"旁。汉代以后，"甘"旁又常被写成形近的"日"旁，成为现代汉字中"曾"字字形的直接来源。

汉代以来，"曾"字更多地被借用去表示本义以外的其他意义，于是人们在它的右边添上一个"瓦"旁，新造出"甑"字，专门用来表示"曾"的本义，其中"瓦"旁则标志着这个字的意义与器物有关。

豆在古人的宴席上扮演着非常重要的角色。这么一说，大概很多人都会觉得它一定是一道菜。然而，在几千年前，豆是一种不能吃的东西，它既不是大豆、豌豆、红豆、绿豆，也不是毛豆，而是一种形似高脚盘的器皿，古人用它来盛放肉酱、咸菜、酸菜以及各种调味料。《孟子》里面有一句"一箪食，一豆羹"，其中的箪和豆都是盛食物的容器。《诗经》里有一首描写宴饮场面的诗，题为《宾之初筵》，这首诗一开头就写道：

宾之初筵，左右秩秩。笾（biān）豆有楚，肴核维旅。

这几句诗的意思是：宴席刚刚开始的时候，主客分左右两列有序入座，笾、豆等餐具整整齐齐地陈列在几案上，餐具中盛放着诱人的食物。笾和豆能够作为餐具的代表出现在诗歌中，似乎可以说明，它们在林林总总的餐具中具有某种意义上的代表性。

图 9-6　曾侯乙豆　湖北省博物馆藏

按照材质的不同，豆可以分为陶豆、铜豆、木豆等类别。最早的豆是陶豆，早在新石器时期就被广泛使用了；随着中国青铜时代的到来，青铜豆应运而生；唐宋以后，制瓷业发展迅速，于是开始出现瓷豆；再后来，豆就渐渐被其他容器取代，退出了历史舞台。从外观形制来看，豆又有有耳或无耳、有盖或无盖的分别。上面提到的这些不同种类的豆之所以都被称为豆，是因为它们都由镫、校、腹三部分构成，其中镫指底座，校指腰身，腹指用来装食物的部分。

| 商代甲骨文 | 西周金文 | 八分 |

【"豆"字形源流】

"豆"字最上面的一横代表器盖，大概因为并非所有的豆都有盖，所以顶上的这一横时有时无。中间的部件代表豆腹，有时候会在里面加一个短横，表示豆中盛有食物。豆腹以下的两竖代表豆的校部，两竖中间或有短横，但常被省去。最底下的一横指的当然就是底座了。

从甲骨文到小篆，"豆"字的字形都没有发生太大的变化，小篆字形的圆转笔道被拉直之后，就变成了我们今天使用的字形。

宴饮的几案上除了盛放食物的各色器皿之外，当然也少不了取食的器具。上古时期专门为取食器具造的字中，"匕"是很有代表性的一个。

图9-7 山东长岛王沟战国墓出土刻纹铜盘残片（摹本）

早期古文字里的"匕"字所像的器具原型及其使用场景完整地呈现在一块出土于山东长岛王沟战国墓的铜盘残片上，这块铜片下方刻画了一组图像：三个人围着一口鼎，鼎内有食物，鼎的左边站立着两个人，其中一个人一只手拿着匕，另一只手拿着一个豆，正要递给另一个站在他身后的人，鼎的右边站着一个人，

图9-8 曾侯乙匕 湖北省博物馆藏

同样是一手拿匕、一手拿豆，像是正要从鼎里取食物。据考古学家介绍，左边的匕前端是分叉的，与古文字中"匕"字最常见的写法完全一致，右边的匕则没有分叉，但前端弯折的角度比较大。无论前端是分叉还是弯折，大概都是为便于刺取鼎中煮熟的肉食。安徽寿县蔡侯墓出土的鼎和鬲

中都发现了匕，进一步说明了匕的这种功用。

商代金文	西周金文	八分

【"匕"字形源流】

相比于真实的匕，"匕"字像柄的部分的弯曲程度更高一些。秦汉之际，这个笔画逐渐失去象形的意味，演变成"乚"，而像前端分叉的一笔则变成了撇画，由此产生的字形一直沿用至今。

在基本的饮食流程上，古人与我们不会有太多的不同，不外乎切割、烹煮、盛放和挹取。在每一个环节上，人们都需要用到相应的厨具或者餐具，烹煮和盛放用鼎、鬲、簋、甑、豆，挹取用则用匕，接下来要谈的是跟切割用具有关的几个字。

我们现在切割食物一般在砧板上进行，在砧板出现以前，古人切肉时垫在底下的几案叫作俎。在源于《史记·项羽本纪》中的著名历史故事"鸿门宴"里，樊哙为后人贡献了一个成语——"人为刀俎，我为鱼肉"，其中的"俎"就是这样的一种器物。

人们为"俎"这个词造出了"且"字，甲骨文中的"且"字像中间有横格的俎的俯视图。为了便于契刻，"且"字上端被刻成尖利的锐角。西周金文"且"字在继承甲骨文形体的同时，还出现了新的写法——人们在原字形的

图9-9 王子臣俎 中国国家博物馆藏

一旁加上了一组取象于荐俎的架子的笔画，这种字形演变成了现在的"俎"字。当"且"字被借用来表示神祖、并且这些意思之后，它的本义就渐渐被人们遗忘了。

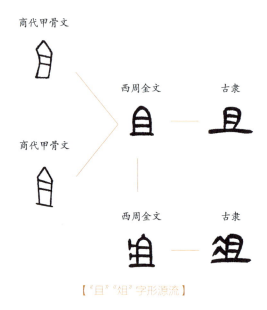

【"且""俎"字形源流】

在"且"字的几个横画之间加上肉的象形字，表示俎上之肴，就是"宜"字。到了战国以后，"宜"字的形体就开始发生各种各样的变异，影响最大的一种变异形体就是把"且"字的外框分离成"宀"和"一"，把"肉"形写成"夕"形或者"月"形，然后两个"夕"或"月"又被简省成一个。后来，经过误写、简省而成的"月"和下面的"一"连接了起来，又重新构成了"且"字，与此同时，上面的"宀"旁也被保留了下来。

【"宜"字形源流】

盛宴当有美酒，几案上也就少不了形制精巧、用途各异的酒器。其实，很多字的原始写法都与酒或酒器有着密不可分的关系，只不过它们经历了漫长的演变过程之后早已旧貌换新颜。

在上古时期，"酒"的读音与"酉"相近，同时，"酉"字的古文字字形又像酿酒或盛酒的圆底容器——尊，所以当时人们通常将"酒"写作"酉"。后来为了更明确地表示这两个字各自的意义，才给"酉"字加上"水"旁，造出"酒"字，专门用来表示"酒"一词。用"酉"来充当表意偏旁的字有很多，它们本身的含义大都与酒有关。

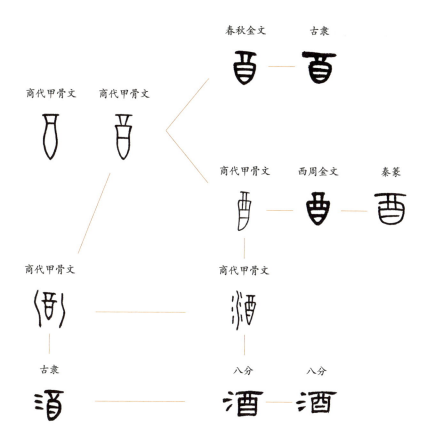

【"酉""酒"字形源流】

图 9-10　召尊　上海博物馆藏

尊的外形被用来当作造"酉"字的蓝本，那么"尊"字的原始形义又是什么呢？从早期古文字来看，"尊"的形体是在像尊体的"酉"字下面加上两只手的形状，这一形体表达的含义大概是双手捧着一尊芳香四溢的美酒进献给祖先、神灵或宴会上尊贵的宾客，这一情景是中国传统礼仪文明的真实写照。无论是祭祀鬼神还是在宴会上向宾客奉酒，都得毕恭毕敬，所以"尊"字又有尊敬一类意思。

商代甲骨文	商代金文	西周金文	古隶

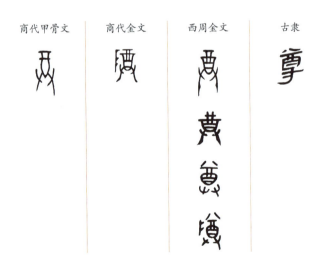

【"尊"字形源流】

　　后来，"尊"字下面的两只手简化成了一只手，也就是从"廾"旁变成"又"旁，"又"字充当偏旁的时候常常会被多写一点，从而与"寸"字混淆、趋同，"尊"

字的"寸"旁就是这么来的。

　　人们设酒食进行祭祀，献酒的时候要把酒尊放在垫子上面，这就是"奠"字描绘的情景。"奠"字下面的"大"旁其实最开始的时候只是一横（ ），象征垫子或托盘之类的东西，西周时期，人们常常在这一横下面添加两个短横或斜笔（ ），作为一种装饰，后来，加短横的写法被淘汰了，加斜笔的写法却被继承了下来，斜笔与横画结合成"丌"形，唐宋以后，"丌"旁被频繁地写作形近的"大"旁，最终被"大"旁取代了。

| 商代甲骨文 | 西周金文 | 古隶 | 八分 |

【"奠"字形源流】

　　尽管上古时期的酒在各方面都完全无法和今天的酒同日而语，但在当时的物质条件下，已经算得上轻奢品了。换言之，酒在很大程度上可以象征着幸福和富裕。
　　在古书中，幸福的"福"和富裕的"富"很多情况下意义相同。记录这两个词的字分别是"福"字和"富"字，它们的结构也有相似的地方，都以"畐"为偏旁。

| 商代甲骨文 | 西周金文 | 古隶 | 八分 |

【"福"字形源流】

　　"福"字在甲骨文中出现频率较高，"示"旁表示神主牌位，另一个偏旁是"酉"——酒樽的象形。顾形思义，"福"的本义就是用酒供奉神主，祈求保佑，即祈祷、祝祷。祭祀需要肉作祭品，所以"福"的意义引申为祭祀用的酒肉，人们将祭祀结束后分送酒肉的行为称为"致福"。祭祀、祈祷是为了让鬼神保佑现世生活美好幸福，所以"福"又引申而有幸福一类意思。

　　"富"字的情况与"福"字相近，外面的半包围结构像一间屋子的外形，里面是"酉"，表示屋子里放着一樽酒。家里长期储存有美酒，意味着生活富足。

商代甲骨文	战国古文	古隶	八分

【"富"字形源流】

　　"福"和"富"共同的偏旁"酉"本来像酒樽的形状，然而，它在被人们广泛使用的过程中，由于种种复杂的原因，字形发生了谁也想象不到的变化——酒樽的盖变成了一横，颈部变成了"口"形，器腹则变成了"田"形。这样一来，"酉"就变成了不可名状的"畐"，"福"和"富"的本义也就随着字形的改变而渐渐被人们淡忘了。人们有时在"福"字上累加一个"北"旁，和"畐"一起提示"福"字的读音，因为"北""畐""福"在上古时期读音较近。像这样有两个表音的偏旁的字在汉字中所占的比例很小，它们有一个共同的名称——两声字。

　　古人用来盛酒的器皿种类繁多，尊只是其中一种，此外还有缶、甀、皿、壶等。

缶的外形特点是腹部大而鼓，口比较窄小，它除了可以用来装酒水以外，还可以充当乐器。甲骨文里的"缶"字并不像整个缶的形状，而是像缶的一个局部——下面的"口"形像缶的口部，上面的几笔像缶盖。早在商代晚期，缶盖之形就被改造成了写法相似的"午"，这一改造的目的是增加一个表音偏旁。"缶"字下面的"口"形有时候会被写成"凵"形，这样的形体因为便于书写而得以被继承。

图 9-11　栾书缶　中国国家博物馆藏

【"缶"字形源流】

在过去很长时间里，人们都认为"皿"的本义仅仅是器皿的统称，一件被称为宁皿的战国青铜器的现身，让一些学者对"皿"的原始字形和本义有了新的看法。

"皿"字最早的写法像一个鼓腹、窄口、有底座的容器，口沿处向外伸出的两个短小的笔画大概像皿的双耳，这两笔后来渐渐向下移动，最终变成了竖画。同时，用来勾勒皿腹的弧线渐渐趋于平直，最终变为横画。

在甲骨文中，"皿"字的写法并不止这一种，还有一种变体形近于叫作瓿（bù）的器物。如果把宁皿的外形看作标准的皿，那么时代偏早的瓿在外形上与皿还是有不少共同之处的，比如体矮、鼓腹、有明显的底座等。像瓿形的"皿"字很快就失传了，在后世的字形里已经无法找到它的踪影。

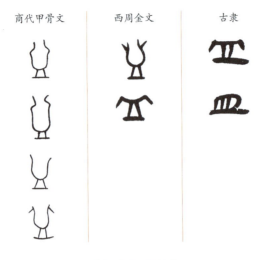

商代甲骨文	西周金文	古隶

【"皿"字形源流】

当器皿中装满了液体，一不留神就会溢出来，这便是"益"的本义，它的古文字字形把这层意思完整地表达出来了。

商代甲骨文	西周金文	古隶	草隶

【"益"字形源流】

"益"字下面的部分是"皿"旁，无疑代表器皿，至于上面的部分代表什么东西，学界至今仍未达成共识，有人认为是水，有人认为是其他物体。这一部分后来变成了"八"形，在战国时期的秦文字里则写作"水"形，"益"字楷书字形上面的部分就是从"水"形演变而来的。"益"的本义是溢出，后来引申出更加、有好处之类的意思。甲骨文中另有明确写成"水"旁的"益"字，不过"水"形并非写在"皿"的腹部，而是写在左侧。

古人有饮酒前温酒的习惯。有些温酒器具最早是用动物的角做成的，因此，专门表示这些器具的字也就用"角"旁来表意了，例如"觞""觥""觯"等都是典型的例子。

商代甲骨文	西周金文	古隶	楷书

【"角"字形源流】

"角"最原始的意义就是指动物的角，它的甲骨文字形不仅轮廓像动物的角，还把角的纹理也画了出来，西周金文中出现了带有装饰性笔画的"角"字，其上部近似于"刀"形，这个部分在后来不断向"刀"形靠拢。"角"字的隶、楷字形头上像"刀"形的东西实际上与"刀"无关，它之所以写作"刀"形，是以讹传讹的结果。

随着这些酒器淡出人们的日常生活，用来表示它们的名称的专用字也就渐渐鲜为人知了，今天仍然被频繁使用的"角"部字在造字之初多与角有关，但随着意义的引申，人们已经不太清楚它们为何以"角"为偏旁了，"解"字就是一个例子。

| 商代甲骨文 | 西周金文 | 战国古文 | 古隶 |

【"解"字形源流】

　　"解"的原意是剖分牛角，其甲骨文字形像人的双手拿着牛角进行分解，"角"旁正写在"牛"形代表牛角处，表意尤为明确。西周以来，人们为"解"字增添过"殳""刀""刃"等表意偏旁，以表示用于解剖牛角的工具，其中带"刀"旁的一种字形被继承了下来，其他两种写法早已消逝在历史的长河里。

　　古人用斗来分酒，"斗"字最早也是象形字，前端有像小杯子一样的斗腹，下面连着一个长柄。在早期古文字中，像斗腹的部分开口的朝向很自由，既有朝左的，也有朝右的，但是到了后来就很少见有朝右的了。与此同时，像斗柄的笔画的位置也从下方渐渐转移到了右边。紧接着，像斗腹的弧形笔画分解为两笔，这两笔在日益迅疾的书写中退化成了两点。

| 商代甲骨文 | 古隶 | 楷书 |

【"斗"字形源流】

图 9-12　湖北义地岗曾公子去疾墓出土青铜斗

　　斗的功能是舀取酒水，而用斗舀酒的情景，则是"升"字的形体来源。"升"字的古文字字形是在"斗"字像斗腹的地方加上几个小点，代表舀起来的酒水，有时还会把小点写在"斗"的两边，大概意味着舀酒的时候溅出来的零星酒沫，这些小点后来省变为一撇。当"斗"字的方向被横过来之后，由像酒沫的点演变而来的撇便趋于水平，自然与像斗柄的横画合而为一。

商代甲骨文	西周金文	古隶	八分

【"升"字形源流】

　　舀取酒水在更多的情况下是为了进献给神灵或者位尊之人，所以"升"就有了前进、向上的意思。

上古先民的日常饮食

　　早在商周时期，人们的日常饮食活动就已经形成了相对稳定的程式，但在食材种类的开发方面，至今仍然不遗余力。每当一种新的食材被发现，人们总要为它取一个名字，这便是语言中的词，语言中出现了新的词汇，就自然要为它配备相应的字了。

　　原始时期，人类就开始采摘野果和植物根茎充饥，进入农耕时代以后，先民开始有意识地培植果树。当人们要为"果"这个词造字时，大概考虑到如果直接取象于果实，表意可能就不够明确，所以将果实所依附的母体——果树，一起描绘出来。下部的"木"旁正是果树的象形，上部则像果实藏在枝叶里。表示果实的几个小点后来被省去了，这样一来，"果"的字形就丧失了表意功能，人们为了弥补这一缺陷，就为它加上了"艹"旁，以表明"果"是植物。"菓"和"果"长期共存，直到二十世纪五十年代，"菓"字才被并入了"果"字。

西周金文　　　　古隶

【"果"字形源流】

果树要经过为期一年的生长才能结果，此后又开始下一个春华秋实的轮回。结果是一个轮回的终点，所以"果"字引申而有成果、结局的含义。

《千字文》中有一句"果珍李柰"，以李子和柰——绵苹果为果类的代表，"李"的名实古今基本一致，"柰"的身上则有曲折的故事。

绵苹果是中国传统的苹果品种，它的栽培历史可以追溯到西汉。《西京杂记》记载，西汉的皇家公园上林苑里有三株从外地移植而来的柰，每一株的颜色都不同，分别为白色、紫色和绿色。一些农业史学者的研究表明，当时柰的主要产地是西北地区，尤其是河西走廊一带。古代的柰今天之所以被称为苹果，完全是因为一场误会。印度有一种红瓜，名叫频婆果，在佛教经典里常被用来比喻红唇。僧人为了向广大佛教徒普及佛经义理，就需要对佛经作注解，一位名叫慧琳的高僧在他注解佛经的著作《一切经音义》中告诉没见过红瓜的中国人，频婆果是一种类似于沙果的水果。于是人们就误以为频婆果就是沙果，恰巧沙果和柰长得也很相似，因此柰也被叫作频婆果。人们习惯在植物的名字上添加"艹"旁，结果"频婆果"变成了"蘋婆果"，简称"蘋果"。"苹"原本指浮萍，是与"蘋"无关的一个字，因为它们读音相近，所以人民群众自发地用更简单易写的"苹"来代替"蘋"。从"苹果"这个名称的来源，不难看到佛教对中国文化的深远影响。不过，我们今天常见的苹果和柰并不是同一个品种，它们属于舶来品，在中国的培植历史并不长。

"柰"字早已不再是常用字，但以它为偏旁的"蒜"字却是人们所熟悉的。很久以来，人们一直认为"蒜"字是用"艹"表意、用"祘"表音的形声字，《说文解字》的解释也是如此。但实际上，"蒜"字原本的写法并非如此，而是由两个"柰"旁组成的。

图 9-13 黄筌《苹婆山鸟图》 台北“故宫博物院”藏

【“蒜”字形源流】

“柰”字在发展演变的过程中产生了一个新的字形——“祟”，这个新字形仍然表示“柰”这个词。在古文字中，“祟”的上部也可以省作“屮”。当两个写成“祟”形的“柰”字左右排叠起来时，其上部就极易与“艹”旁混淆。《说文解字》把“蒜”字的结构分析为上“艹”下“祘”，正是因为不了解“蒜”与“柰”在字形上的密切关系。

在古人的副食结构中，干果所占的比重也许并不比水果小，较为常见的干果有枣、栗等，正因为它们是日常生活中触手可及的东西，所以语言中必有用于称呼它们的词，文字体系中也有相应的字。

"枣"的本义是枣树，其甲骨文字形是在"木"形的基础上添加许多向左右伸展的短小笔画，像枣树多刺之形。在战国文字中，"枣"字被写作两个"来"形上下排叠，"来"形又进一步被误写作"束"形，这种辗转讹变的字形流行了起来，后来被《说文解字》定为篆书的正体，直接影响了后世的隶、楷字形。

商代甲骨文	战国古文	《说文》小篆	古隶	楷书

【"枣"字形源流】

　　"枣"字偶尔被借用来表示"早"这个词，为了表示这种假借义，人们还为"枣"字添上表意的"日"旁，造出了一个"楪"字。至于"早"这个字，虽然西周就已经出现了，但它在当时只是被用来表示地名，与"早晚"的"早"无关。

　　"栗"字的本义是栗树，甲骨文字形上部本来像树上长的毛栗，在春秋时期的秦文字中，栗子形被改成了"卤"形。

图9-14　宜兴窑紫砂描金堆绘打枣图笔筒
故宫博物院藏

商代甲骨文	秦篆	《说文》小篆	八分

【"栗"字形源流】

　　秦文字"栗"上部的"卣"形，本来表示的是一种装酒水的器皿的名称。最原始的卣是用掏空瓤籽的干瓜加工而成的，后来人们更多地用陶或青铜仿制这种器物，称之为瓠壶。随着时过境迁，"卣"这个名称逐渐被另一种鼓腹、短颈、小口、带圈足和提梁的器物所占有。

商代甲骨文　　　西周金文　　　楷书

【"卣"字形源流】

图9-15　商代晚期椭圆形卣　宝鸡青铜器博物院藏

在均衡的饮食结构中，肉类是不可或缺的。原始时期，人们食用的肉主要源于打猎的战利品，随着文明时代逐渐到来，人们开始饲养牲畜以供日常祭祀和食用。

【"肉"字形源流】

"肉"字的古文字字形就像一大块悬挂起来的肉，具有相当浓厚的象形意味。在演变过程中，其形体与"月"字相近，因此，"肉""月"二字在很长时间里极易混淆，它们作为偏旁出现时尤其如此。人们曾经想过一些办法来区分它们，就小篆而言，"肉"字中间的两笔由于取象于"肉"的纹路，所以被写成弯曲状（ ），而"月"字里面的两笔则被写成平直状（ ）。篆书向隶书演变时，"肉"字内部的两个曲笔向"入"形靠拢，"月"字的两横则基本保持原貌。虽然"肉""月"二字在作为独体字的时候已被区分得清清楚楚，但它们作为偏旁出现时情况却大不相同。在现代通行的楷书中，很多字里的"月"旁实际上本应是"肉"旁，比如跟人体相关的"肠""胃""肝""胆"等，都是典型的例子。

把一块肉放在火上面烤，就是炙烤的"炙"字通过其字形表达出来的意思。同样表示这一含义的还有与之形近的"然"字，"然"字下面的"火"旁后来演变成了"灬"。古文字的"火"旁变成隶书和楷书之后衍生出了好几种写法，除"灬"外，如"赤"字下面的"小"形、"尉"字左下部的"小"形、"光"字上面的"业"形都是从"火"旁变来的。

古隶	楷书

【"炙"字形源流】

战国古文	古隶	八分	楷书

【"然"字形源流】

图9-16　"火"旁的不同演变方向

图 9-17　山东凉台汉墓画像石中的烤肉图像（摹本）

　　"然"字的"火"旁变成"灬"形之后，就无法直观地表示"然"的本义了，人们为了弥补表意不明的缺陷，就在"然"的左边累增了一个"火"旁，于是"燃"字就诞生了。像这样通过在原字基础之上，加上一个与本义有关的偏旁造出新字来表示原字的本义，是文字发展过程中一种十分普遍的现象。加偏旁虽然有增加笔画使字形繁化导致书写效率降低的缺点，但也有区分用途的优点，在"燃"字出现以后，"然"字就再也不用表示火烧一类意思了。南北朝时期的著名文学家庾信的名篇《哀江南赋》中有这样几句话：

　　　　五十年中，江表无事……岂知山岳闇然，江湖潜沸。

其中"闇然"一词是暗中燃烧的意思，古人还为此特别加上注释，就是因为怕不明真相的后人把"闇然"误解成了黯然销魂的"黯然"。如果当时"然"和"燃"分工明确，那就不用多作解释了。

肉与骨紧密相连,最开始的时候,人们用"冎"字来表示语言中的"骨"这个词,"冎"字的甲骨文字形就像相互支撑的骨架,是个象形字,后来人们在它的下面添加了一个"肉"旁,变成现在的"骨"形,更明确地表示出了骨、肉之间的密切关系。

商代甲骨文	战国古文	古隶

【"骨"字形源流】

宰杀作为食材的动物的时候,需要把骨和肉分解开来,表示这个操作过程的字就是"别"。"别"字的甲骨文字形就是在代表骨头的"冎"字旁边添上"刀"旁,表示用刀砍骨削肉。充当"别"字的偏旁的"冎"和单独成字的"冎"经历了不同的演变过程,作为"别"字的偏旁,它上面的部分逐渐变成了"口"形,下面则变成两个撇画,后来因形近而向"力"形靠拢。

商代甲骨文	古隶	八分	楷书

【"别"字形源流】

在现代汉语里,"别"最常见的分别这一含义就是从分解骨肉这一本义引申出来的。今天,"别"的本义往往用"剐"来表示,"别"和"剐"的字形和意义都很接近,无论从词的层面还是字的层面来讲,它们都有同源关系。

古人如何面对佳肴

上古时期，人们都是跪坐在地上吃饭的，因为当时还没有桌子，几案都很低，现在常见的高桌在宋代以后才被广泛使用。古文字里的"卩"旁描摹的就是一个跪坐的人的侧面形象，"即"字就是由"皀"和"卩"组成的，表示坐下来把簋盖掀开，准备享用食物。

| 商代甲骨文 | 西周金文 | 秦篆 | 古隶 |

【"即"字形源流】

簋的两边各跪坐着一个人，就表示两人相向而食，这就是"卿"字的古文字字形所描绘的场景。不过，表示这个意思的"卿"，后来都被写作"飨"了。

"卿"在甲骨文、金文中还常常被借去表示"方向"的"向"，当"卿"字衍生出"鄉"（简化字写作"乡"）字之后，"方向"的"向"就改用"鄉"来表示了。后来，人们又造了"嚮"字专门用来表示"方向"的"向"，这个字现在已经被"向"字合并了。

商代甲骨文	西周金文	古隶	八分

【"卿"字形源流】

图9-18　四川邛崃汉画像砖中的饮食及庖厨图像

"既"与"即"形近，但意义恰恰相反。"既"的左边与"即"一样，代表装有食物的簋，右边的跪坐人形上端多了一个背向食物的口，表示吃饱了转过头来准备离开，所以"既"的本义是已经吃饱、结束用餐，已经这一含义就是从本义引申而来的。

| 商代甲骨文 | 商代金文 | 秦篆 | 八分 |

【"既"字形源流】

专门表示吃饱之意的，另有一个"猒"（yàn）字。它的字形由"犬""口"和"肉"三部分构成，有学者认为这是用狗吃肉来表达餍饱、餍足的意思。"口"旁后来被人们在中间添上一横，变成意义相关的"甘"旁，由于形似，"甘"旁后来又被误写为形似的"曰"旁。

| 西周金文 | 战国古文 | 《说文》小篆 | 古隶 | 楷书 |

【"猒"字形源流】

"猒"的本义是餍饱，这一含义后来又引申出了厌嫌一类意思。含有餍饱、厌嫌等意思的"猒"字后来一般都借用"厌"字来表示。为了减少"厌"字的职能，人们便在它下面加上"食"旁，衍生出"餍"字来表示"猒"的本义，而厌嫌一类意思仍然借"厌"字来表示。"厌"的繁体写作"厭"，但"厭"这个字形原本别有用途，它的本义是压迫，表示这一意义的"厭"字后来被添加了一个"土"旁，写作"壓"，简化为"压"。

"猒"的偏旁"甘"的古文字字形象征的是口中含一块东西，以此表示食物甘美。到了东汉时代，"甘"字的写法与历经演变后的"曰"字相近，为了与"曰"字相区别，人们就把"甘"最上面的一横拉长，让它穿过两侧的竖画。

商代甲骨文	古隶	八分

【"甘"字形源流】

　　古文字中的"甘"旁有相当一部分是从"口"旁演变而来的，它们在隶书和楷书中又往往进一步变作"日"形或"曰"形，"尝"字的繁体写作"嘗"，它下面的"日"形就是由"口"或"甘"逐步演变而成的。

　　从字形构造的角度看，"尝"属于形声字。显而易见，"尚"是它的表音偏旁，"旨"按理来说就是表意偏旁，但是它表示的是什么意思呢？原来，"旨"的本义是味道甘美，它的甲骨文字形是上"人"下"口"，人的嘴巴所嗜好的就是甘美的食物。"尝"的本义是品尝，品尝了也就是说曾经吃过了，所以它又引申出曾经的意思。

商代甲骨文	春秋金文	古隶	八分	楷书

【"旨"字形源流】

　　自古以来，珍稀美味的食物常被人们当作礼物馈赠他人，《诗经》里的名篇《野有死麕》写道：

　　野有死麕（jūn），白茅包之。有女怀春，吉士诱之。
　　林有朴樕（sù），野有死鹿。白茅纯束，有女如玉。

这几句诗的大意是：英俊的男子在野外猎获一头獐鹿，用白茅小心地包裹起来，去送给如花似玉的心上人，作为示爱的信物。

既然人们的生活中出现了赠送食物的行为，那么在语言文字中也应该有所反映。用来记录表示这些行为的词和相应的字都出现得很早，比如表示赠送食物的"饴"字，以及表示进献食物的"羞"字。

西周金文	《说文》小篆	古隶

【"饴"字形源流】

"饴"字的早期字形像一个人双手举着一个装有食物的簋类容器，表示把食物送给别人，所以它能够引申出赠送、食用等含义，这些含义后来另造了"贻"字来承担。在汉代以后的文字遗存中，"饴"字均写作左"食"右"台"的结构，其中"食"表意，"台"表音。

"羞"字的古文字字形像一只右手拿着一头羊，像手形的"又"旁后来被改成了形近的"丑"旁，变成了用"羊"来表意、用"丑"来表音的形声字。"羞"被借用来表示羞耻一类意思之后，人们便在它的左边加上一个"食"旁造出一个新的字"馐"，来表示"羞"的本义。而"羞"的本义又引申出了食物珍美的意思，李白的名篇《行路难》里面有一句"玉盘珍羞直万钱"，其中的"羞"字表示的就是这个意义。

商甲骨文	西周金文	古隶	汉篆

【"羞"字形源流】

"玉盘珍羞直万钱"的前一句，即《行路难》开篇的第一句，是"金樽清酒斗十千"。酒是诗人笔下常用常新的意象，这是因为酒在古代是一种值得珍视的饮品，有着其他饮品不可比拟的地位。因此，古人在造"饮"这个字时，就用饮酒来表意——"饮"字的甲骨文字形就像一个人低下头、张开口、伸出舌头，喝酒樽里的酒。

商代甲骨文	西周金文	春秋金文	古隶	八分

【"饮"字形源流】

"饮"字的甲骨文字形左下部像酒樽，酒樽的上面是一个倒过来的"舌"字，表示人低头张开嘴巴伸出舌头的模样，这个偏旁后来被改换成了形近的"今"字，充当表音偏旁，这样一来，"饮"字就成了形声字。春秋时期出现了用"食"旁代替"酓"旁的"饮"字，这种写法为汉代隶书所吸收，沿用至今。"食"旁草写的时候，下面的"良"形被一笔带过，在这种草写字形的基础上重新进行规整化处理，就产生了简化的"饣"旁。

用餐完毕以后，要把餐具清洗干净，古人用清洗餐具的情景为表示完毕的"尽"这个词造出了一个生动的字形："又"旁像人的手，手拿着刷子在"皿"（器皿）的内壁上来回洗刷。后来，刷子的形态发生了巨大的变化，本来像刷毛的几组斜画的底部，先变成"火"形，然后演变成"灬"形。而"又"旁也逐渐与代表刷子柄部的竖画交叉，"皿"旁的演变轨迹始终与独立成字的"皿"字相随。

商代甲骨文	战国古文	秦篆	古隶	八分	草书	简化字

【"尽"字形源流】

汉代以后，人们为了提高书写的便捷度，在草写的过程中对字形复杂、笔画繁多的"盡"字进行了简省，中间的几横和"灬"旁用一横去概括，而"皿"旁下部的笔画就被缩略为两点。这种草书字形经过规整化的处理，便成了今天使用的简化字"尽"。事实上，这个简化字形早在唐代就已经出现在佛经写本中了，它随着经卷在敦煌藏经洞里静静地等待了千年之久，才被重新发现。

灿烂辉煌的中国传统饮食文化代代相传，很大程度上得益于汉字的记录功能。正是因为有了这些取象于饮食活动、器具以及各色食材的字，我们才能窥见酸甜苦辣背后那些丰富多彩的生活情境，金樽清酒、玉盘珍馐可以激发直挂云帆、长风破浪的万丈豪情，而箪食豆羹则充满了烟火气息，有着不足为外人道的乐趣。

文章华国

庆元间，朱熹以伪学之禁，避地至长溪。相其山川回合，临危不危，临险不险。遂主于武曲朱氏，托宗人之分，为题「文章华国，诗礼传家」一联于门。

——谢肇淛《长溪琐语》

南宋庆元年间，外戚韩侂胄专权，以打击道学之名排除异己，史称"庆元党禁"。朱熹作为道学的核心人物，为了躲避打击，于是逃到长溪这个地方，为当地的朱姓宅第题写了"文章华国，诗礼传家"这副对联。这个故事未必完全真实可靠，谢肇淛的信息来源也许是道听途说，但这恰恰可以说明，"文章华国，诗礼传家"这句话传播之广。所谓"文章华国"，意思就是优秀的文章可为国家增光添彩，在这个语境中，"文章"的内涵逐渐扩大到泛指一切学术和艺术。"文章"之所以和"诗礼"对举，是因为古人认为学术和文艺是礼的重要载体，当孔子发出"焕乎其有文章"的赞叹时，"文章"就已经有了礼仪、法度、德行、事功多个层面的意涵。本章将讨论与"文章"的丰富内涵有关的一组汉字。

来自历史幽深之处的旋律

　　中国历来以礼仪之邦的形象屹立于世界民族之林，礼作为中国文化的重要内容，萌芽于史前，发展于上古三代。到了春秋时期，礼制越来越流于形式，人们只知道用珍贵的玉器、丝帛和乐器来装点门面，而不关心礼的内涵，更遑论在日常生活中贯彻礼的观念，于是孔子感叹道：

　　　　礼云礼云，玉帛云乎哉？乐云乐云，钟鼓云乎哉？

这句话的意思是：礼难道仅仅意味着玉器和丝帛吗？乐难道仅仅意味着乐器吗？从孔子的话中可以得知，玉器、丝帛、钟、鼓是上古礼制的重要物质载体，因此，人们在为"礼"这个词配备相应的文字时，就很自然地想到了要运用这些载体的形象来表意。最早用来记录"礼"一词的字形是由"珏"（jué）和"壴"（zhù）两个偏旁组成的"豊"，其中"珏"代表两串玉并排，"壴"则像一面大鼓。

　　在描述"豐"字的演变历程之前，我们先对它的偏旁"壴"作简单的介绍。"壴"的古文字形体取象于古代的鼓。1977 年出土于湖北省崇阳县的商代晚期铜鼓是迄今为止中国境内发现的时代最早的铜鼓，其样貌与"壴"字的甲骨文字形颇有相似之处。

图 10-1　商代晚期铜鼓　湖北省博物馆藏

　　在对比"壴"字和商代的铜鼓实物后，可以确知，"壴"字上部类似于"屮"的部分代表装饰物——大概是羽毛一类东西，中间的密闭的空框代表鼓身，也就是鼓的主体部分，下面剩余的笔画则代表鼓架。

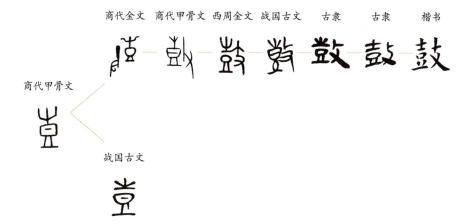

商代金文　商代甲骨文　西周金文　战国古文　　古隶　　古隶　　楷书

商代甲骨文

战国古文

【"壴""鼓"字形源流】

　　今天，"壴"字已经不再单独使用了，我们用"鼓"字来表示原来由"壴"字表示的词。现代汉字里的"鼓"由"壴"和"支"组成，"支"旁实际上是"攴"旁的误写，因为"攴"表示手持棒槌一类工具，所以"鼓"最早的字形描绘的是执槌击鼓的场景。

　　尽管时隔三千载，在"豊""鼓"诸字身上，我们仍然能够直观地看到古今形体的关联。"珏"形和代表饰物的部分糅合演变而成"曲"形，鼓身和鼓架则与"豆"形混同，逐步产生了现在的字形。

　　那么，带有"示"旁的"禮""礼"这两个字形又是怎么来的呢？对礼仪要求最为严格的场合就是祭祀，祭祀的对象是神主，所以人们为"豊"字加上了代表神主的"示"旁，进一步强调其宗教意涵。至于"礼"这个形体的来源，目前还没有确凿的答案，《说文解字》中收录的"古文"就已经写成这个样子了，也就是说，战国时期有可能已经出现了写作"礼"的字形。

　　响亮的鼓声响起，人们便用"彭"字记录下来。"彭"的甲骨文字形是在表示鼓的"壴"字周边画上一串小点，用意大概是模拟鼓声。小点的位置可以在鼓的左边，也可以在右边。西周以后，这串小点渐渐统一写作三个短撇，而且都写在右边，成为后世隶楷字形的滥觞。

商代甲骨文	西周金文	秦篆	古隶	楷书

【"彭"字形演流】

用"彭"或与它读音相似的字来记录鼓声的例子在上古时期的文学作品中也可以见到。《诗经》中有一首题为《灵台》的诗，记述了周文王建成灵台并且在此欣赏音乐、与民同乐的事，这首诗的最后一句写道：

> 于论鼓钟，于乐辟雍。鼍（tuó）鼓逢逢，矇瞍奏公。

诗句的大意是：盲人乐师们在周王的行宫为他演奏，他们有秩序地敲击乐器，使得用鳄鱼皮做成的鼓面发出"逢逢"的声音，周王乐而忘返。其中拟声的"逢"和"彭"读音是非常接近的。

与鼓声有关的字除了"彭"，还有"豐"。"豐"字的早期古文字字形与"豊"相似，都以"壴"旁为主体部分，不同于"豊"字的是，"豐"字的上部并非由两个"玉"并排而成的"玨"，而是两个并排的"丰"。"丰"字本身的形体可以被看作在"屮"的基础上再增加一组代表叶子的斜画，以此表达丰茂的意思，它的读音与"逢""彭"二字相去不远，所以它被用在"豐"字中仅仅是因为它的读音，而与它的意义无关。鼓声洪亮，能够充满一定的空间，因此"豐"又衍生出大、满、多一类意思。

西周金文	战国古文	八分	楷书

商代甲骨文	商代甲骨文	战国古文	古隶	简化字

【"丰""豐"字形源流】

　　"丰""豐"本来是两个意义并无多少关系的同音字，但因为"丰"笔画较少，便于书写，所以后来人们有时会借用"丰"来表示"豐"。受到这一用字习惯的影响，人们渐渐把"丰"用作"豐"的简体。

　　前面引用的《诗经·灵台》一诗写到周王听钟鼓之声乐而忘返，用来称呼这种情绪的词是"喜"，因此人们在为这个词造字时，便以鼓的形象"壴"为主体。为了在形体上与"壴"字区分开来，于是人们就在它的下部增加一个"口"作为区别符号，这就是"喜"字的来源。

商代甲骨文	西周金文	古隶	草隶	楷书

【"喜"字形源流】

　　"喜"这个字形在早期既可以表示"鼓"这个词，又可以表示"喜"这个词，意即听到鼓声的喜悦欢欣之情，后来，它才与"壴"彻底分开，成为"喜"一词的专用字。

　　从汉代以前有关鼓的图像中可以见到，鼓顶部的饰物形态多样，大致可以分为三种类型，最简单的类型如崇阳晚商铜鼓，稍复杂的就以左右对称的方式插上偶数根羽毛，更复杂一点的就是羽毛末端下垂，这几种不同的类型在"壴"字或"壴"旁的几种异体中都有所体现。

图 10-2　江苏铜山汉画像石中的建鼓图像

　　"嘉"字由"壴"和"加"（或"力"）两部分组成，其中"壴"旁中代表羽饰的部分有几种不同的写法，但在后来的演变过程中，大部分繁复的写法都被淘汰了，只有最简单的一种被沿袭了下来。在"嘉"的古文字形体中，"力"的位置也不是在整个字的下方，而是在右边对"壴"旁形成半包围之势，秦汉以来才和"口"一起逐渐被固定在下方。

商代甲骨文	西周金文	春秋金文	秦篆	古隶	八分

【"嘉"字形源流】

"嘉"的本义是美好，这一基本意义从古到今都没有发生太大的变化，此外，还衍生了一系列与之密切相关的意义，比如吉庆、赞美等。

鼓有不同的种类，除了像"壴"一样的大鼓，也有形貌比较小巧的鼓，比如拨浪鼓。在上古时期，有一种形似拨浪鼓的乐器，叫作"铿"。它不宜用"壴"来表示，所以人们为它另造了一个字——"庚"。"庚"字甲骨文字形中间下垂的一竖代表手柄，中间主体部分像鼓身，两侧下垂的笔画可能代表用于装饰的飘带一类东西，顶部的分叉笔画大概也是饰物。早在商代，"庚"字就被借用去充当天干名称了。

商代甲骨文	古隶	八分	楷书

【"庚"字形源流】

在"庚"字下面添加一个"同"旁或"用"旁来表音，就成了"庸"字。从它以"庚"为表意偏旁这一点来看，"庸"大概率也是一种乐器，可能就是后来命名为"镛"的大型敲击乐器。不同于单独的"庚"字，作为"庸"的偏旁的"庚"更完好地保存了原本的样貌，下部没有演变成左右分张的撇画和捺画。

商代甲骨文	西周金文	古隶	楷书

【"庸"字形源流】

上面提及的几个字都与打击乐有关，不可忽视的是，上古时期的弦乐也非常发达。汉代以来，不少文献资料都记载过伏羲或神农发明琴的传说，当时所说的琴就是一种有弦的弹拨乐器，许慎在《说文解字》中说：

琴，……神农所作，洞越，练朱五弦，周加二弦。

这句话的意思是：琴是神农氏发明的，有贯通底部的孔，最早有五根用红色丝线做成的弦，到周代又增加两根弦，成为七弦琴。"乐"字的早期古文字字形就取象于有丝弦的弹拨乐器。

商代甲骨文	西周金文	古隶	八分

【"乐"字形源流】

"乐"字古文字字形上面的部分用"丝"来表示丝弦，下面的部分则用"木"来表示乐器的材质。后来，人们在"丝"形中加入新的偏旁"白"，根据文字学家的研究，"白"在"乐"字中起到提示读音的作用。今天通行的简化字"乐"来源于繁体字"樂"的草书写法。在草书中，比较小的部件往往都会被简省成点，"樂"字上部三个相对独立的小部件也不例外。三点连成一线，再加以规整化，就成了简化字"乐"。

　　在上古时期的仪式性音乐表演中，不仅有打击乐和弦乐，还有管乐。我们耳熟能详的一个故事便反映了当时贵族门下有管乐队的史实：

　　　　齐宣王使人吹竽，必三百人。南郭处士请为王吹竽，宣王说之，廪食以数百人。宣王死，湣王立，好一一听之，处士逃。

　　这个记载在《韩非子·内储说上》的故事就是成语"滥竽充数"的来源。《韩非子》用竽来讲故事，似乎在一定程度上能够反映出当时竽属于吹奏乐器中的主流。既然如此，那么语言和文字里就都会有"竽"的身影。"竽"字的早期形体就是模仿竽这种乐器而造出来的，其中右边凸出处代表吹口，中间的"于"形代表并排捆扎的竽管，尖顶代表出气口，美妙的乐声从此处飘出。

| 商代甲骨文 | 商代金文 | 西周金文 | 战国古文 |

【"竽""于"字形源流】

　　"竽"字的字形在表意的明确性方面不存在任何问题，但笔画过于繁复，不利于快速书写，于是人们想方设法地简化它的笔画，一个约定俗成的方案是，省略掉尖顶和左边的边框，变成"形"形，有学者称这种简化方式为"截除性简化"。这个简化的"竽"字经常被借用去表示往和虚词"於"，而且，"竽"用于表示这两种意思的频率远高于表示乐器专名，因此这个字形逐渐为这两种假借义所专有，进而继续简化为"于"形。竽的专用字被挪作他用之后，人们意识到有必要为竽的名称另造一个字，因为竽是竹子做的，所以就在"于"字上面增加一个"竹"旁，造出了"竽"字。

在今天看来，"于"和"於"两个字是简体和繁体的关系。但在秦汉以前，它们之间有着比较明确的区别。从来源上看，"于"脱胎于"竽"，"於"脱胎于"乌"。

【"乌""於"字形源流】

早期古文字里的"乌"字像一只张大嘴巴、仰天鸣叫的鸟，应该就是乌鸦的形象。大约在西周早期，它就开始被借用去表示"呜呼"的"呜"，其形体从此向着抽象化的路径发展，到战国时期，已经完全看不出与鸟形有什么关联了，这时候它不仅要表示"呜呼"的"呜"，同时还被借去表示"于"。根据一些语言学家的研究，在战国至汉代早期，虽然"于""於"二字没有语法功能上的差异，但使用场合有所不同，"於"可以广泛用于一般的文书，而"于"则往往被用于与更古老的文本有关的场合。汉代以后，"於"的使用频率就远高于"于"了。

"乌"的本义是乌鸦，乌鸦在中国文化中具有多重象征意义。现在中国民间多把乌鸦聚集、啼叫视为凶兆，然而，在古代中国，乌鸦并不是以负面形象登场的。上古时期，人们普遍认为乌鸦是驮着太阳东升西落的神鸟。既是神鸟，外貌自然不同凡响，汉代的文献和图像都表明，这种与太阳同起同落的神鸟有三条腿。司马迁在《史记·龟策列传》里记载了孔子说过的一句话：

> 日为德而君于天下，辱于三足之乌。月为刑而相佐，见食于虾蟆。

意思是：太阳广施恩德而统治天下，但却受制于三条腿的乌鸦，月亮使用刑罚辅佐太阳，却被蛤蟆吞食。所谓"三足之乌"的形象在汉代的绘画艺术中也屡屡出现。

图10-3　河南唐河针织厂汉画像石中的三足乌图像

在早期中国的传说故事中，乌鸦还是报喜的鸟。商代末年，有一只大乌鸦飞到周武王家的屋檐上，武王和他的部下都很高兴，不久之后，他们果然成就了霸业，灭商建周。这个故事多次出现在先秦至汉代的古书中，比如《墨子·非攻》说：

> 赤乌衔珪，降周之岐社，曰："天命周文王伐殷有国。"

汉代人为《尚书》作注释时则说：

> 周将兴之时，有大赤乌衔谷之种，而集王屋之上者，武王喜，诸大夫皆喜。

虽然《墨子》和汉代注家所述的具体情节略有出入，但总的来说，表达的意思并无二致，都是说乌鸦叼着象征祥瑞的东西来到周族的重要场所，预示了周族将让山河易帜。

那么，乌鸦的形象是什么时候开始黑化的呢？在屈原的笔下，乌鸦是与燕子属性相同的凡鸟，比喻世俗小人：

> 鸾鸟凤凰，日以远兮。燕雀乌鹊，巢堂坛兮。

屈原的意思是：鸾凤作为神鸟，而日渐被人疏远。燕子、乌鸦是凡鸟，但却能登堂入室。虽然屈原笔下的乌鸦无关祥瑞，但还不至于被视为凶邪的化身。乌鸦与凶兆的关联可能始于它被用来占卜，南宋的洪迈在《容斋续笔》中写道：

> 世有传《阴阳局鸦经》，谓东方朔所著。大略言凡占鸟之鸣，先数其声，然后定其方位，假如甲日一声即是甲声，第二声为乙声，以十干数之，乃辨其急缓，以定吉凶。

洪迈提到的《阴阳局鸦经》，大概率是后人伪造的托名东方朔的占卜书。就目前所见，最早关于利用乌鸦占卜的系统性文本应该是敦煌藏经洞出土的《乌鸣占吉凶书》，其抄写时代的下限应不晚于藏经洞封闭的宋初。《乌鸣占吉凶书》中记载的占卜操作模式与洪迈所说的基本吻合，根据乌鸦鸣叫的声音、时间、位置来判断吉凶。乌鸦负面形象的确立比它与凶兆发生关系还要晚一些，在中晚唐时代，乌鸦仍然会被看作吉兆。白居易写过一首题为《答元郎中杨员外喜乌见寄》的诗：

> 南宫鸳鸯地，何忽乌来止？故人锦帐郎，闻乌笑相视。疑乌报消息，望我归乡里。我归应待乌头白，惭愧元郎误欢喜！

从诗中就可以看出，乌鸦是白居易、元稹他们喜闻乐见的动物。那么，在唐代前后，什么人会讨厌乌鸦呢？洪迈说：

> 北人以乌声为喜，鹊声为非。南人闻鹊噪则喜，闻乌声则唾而逐之。

这就是说，北方人喜欢乌鸦，讨厌喜鹊，南方人反之。宋代以来，伴随着经济重心南移和杭州成为南宋的政治中心，江南地区的文化地位大大提高，南方的生活品味和风俗习惯冲破地域界限迅速影响全国。乌鸦的负面形象最终确立正是南方人获得文化话语权的结果。

乌鸦还有一个面相常常被提及，那就是反哺，1993 年出土于江苏省连云港市尹湾村的汉代写本《神乌傅》开头就说道：

> 蝮蜚之类，乌最可贵。其性好仁，反哺于亲。行义淑茂，颇得人道。

乌鸦因反哺的习性而获得"孝鸟"的美称，成为中国孝道文化的象征。实际上，同样有反哺习性的动物并不止乌鸦一种，鹰就是一个例子。那么，人们为什么会选择乌鸦来作为有反哺习性的动物的代言者呢？"慈"有乌黑的意思，古人称"慈乌"其实并不是在赞美乌鸦反哺之慈孝，而是形容乌鸦羽毛的颜色黑，"慈乌"等同于"黑乌"。后来"慈"不再被用来指黑色，人们不了解"慈乌"这个称呼的本来意义，把"慈"误解成孝慈的"慈"，于是"慈乌"就被附会成了"孝鸟"。

最早的书籍是如何制作和阅读的

中国的典籍起源很早,《尚书·多士》中有一句话说:

> 惟殷先人，有册有典，殷革夏命。

意思是：殷商时代就有书册和典籍，记载着商汤灭夏的史实。当时的书籍为什么叫作册呢？这个"册"与现在"一册书"的"册"有什么关系呢？书籍以纸张为材料的历史只能追溯到魏晋时代，我们知道，东汉的蔡伦改进了造纸术，开启了中国人在纸上写字的历史，而从工艺改造到推广普及还需要有一个过渡时期，这个时期的终结不会早于东晋桓玄下令以纸代简之时。在这之前，中国的书籍大都是写在简册上的。很遗憾的是，由于竹木容易腐朽，所以目前在考古发掘中尚未见到过早于战国时代的简册。

商周古文字里的"册"字形体向我们透露了关于早期简册的重要信息。"册"的甲骨文字形由几道垂直线和一个椭圆形组成，为了便于契刻，椭圆有时候会被改成长方形，垂线代表一支支的简，而椭圆形则代表把单支简编联成册所用的绳索。现代汉字中的"册"字形体就是对古文字字形进行规整化处理的结果。

商周简册已不可见，然而，战国和秦汉时期的简册却在二十世纪以来的一次次考古发掘中被发现，不过，这其中只有少部分能够基本保持原貌，大部分都已经散乱不堪了。从大量的实物身上，我们渐渐了解上古时期人们是如何书写和阅读的。

| 商代甲骨文 | 秦篆 | 古隶 |

【"册"字形源流】

　　书写之前需要准备好简支，从出土的简册来看，它们都经过严格的选材和特殊的处理。在取材方面，南方的简多以竹子为原材料，北方则多用木。就竹简而言，选好竹料之后的第一步，就是把竹竿切割成所需的长度。根据古书记载，这个长度要遵循一定的规制，比如说，汉代的惯例是，儒家的"六经"长二尺四寸，《孝经》长一尺二寸，《论语》长八寸，但实际上，这种规制在执行中有一定的灵活性。第二步是将竹筒沿纵向剖成宽窄基本一致的细长条，并将内表面打磨光滑。第三步是用火把竹子里的水分烤干，这一道工序主要起到防蛀的作用，在此过程中，随着水珠像汗水一样渗出，竹竿的外表面慢慢地由青绿色变成黄色，这个过程在河南以及荆楚地区的方言里叫作"汗"，在江南方言里则叫作"杀"，所以"汗青"一词也因此在后来成为书籍的代称，文天祥的绝笔诗"人生自古谁无死，留取丹心照汗青"就是最有名的用例。"杀青"则指著作定稿，现在泛指一切形式的文艺作品完成。木简的处理比竹简简单得多，只需要把书写的一面削平、磨光即可。

　　在完成上述工序之后，简支就可以使用了。那么简册是先写再编还是先编再写的呢？其实两种方式都是存在的。长沙左家公山的一座战国墓葬出土过无字但已经编好的简册，确证了当时人有先把简册编起来再行书写的习惯。先写后编的例子更是数不胜数，当我们看到出土简册上编绳或者绳痕盖在文字上，就很容易能推断出它是先写后编的了。

每一支简被编绳捆扎的地方都被割开了一个小口，它的作用是固定编绳，如果没有它，简支就很容易会上下移动，所以当时的人在编联简册前很重视这个细节。

编联简册所用的绳叫作"编"，现在用来形容读书刻苦的成语"韦编三绝"，字面意思就是因频繁地展开简册而导致编绳多次磨断。这个成语中的"韦"，过去多被理解为兽皮，但以兽皮之坚韧，就算竹简断了它都未必能被磨断，可见这个理解并不合理。实际上，这里的"韦"是个通假字，通"纬"，是横线的意思，因为编绳相对于简支是横向的，所以叫作"纬编"。韦编三绝，意味着简支散落，需要重新编联，那时候的书籍不像现在一样有页码，如何来确定每一支简的具体位置呢？古人早就已经考虑到了这个问题，他们的解决办法是，初次编联的时候，就在简册背面从左上到右下划一道直线，作为标记，当编绳磨损、简册散落的时候，就根据这个标记来迅速找到每支简的原位。

简册写完或读完后需要卷起来存放，因此，后世才会以"卷"为书籍的计量单位。上古时期，人们收卷简册的方式并不是唯一的，从考古学家对出土简册复原的成果可以知道，有些从尾端开始往前卷，卷好之后在最前面的几支简的背面写上篇次、篇题等信息，有些则是折起来存放的。

图 10-4 居延汉简 57.1 正面
中研院史语所藏

图 10-5　清华大学藏战国竹简《赤鸠之集汤之屋》等三篇的简背划线

　　"典"和"册"在字形和意义上都有着非常密切的关系,"典"字的早期字形由
"廾"(或"又")"册"和两个短横组成,像双手或单手拿着简册放在几案上。西周
以后,代表双手的部件有时会被省略,这种形体里的两个短横演变为"丌"形,

就成了现代汉字"典"的雏形。

| 商代甲骨文 | 西周金文 | 古隶 | 八分 |

【"典"字形源流】

　　人们把文房用具笔、墨、纸、砚称为"四宝"。在纸出现之前,竹简是主要的书写材料。在制作工艺、使用方法上与现代一脉相承的墨和砚出现得也并不太早,先秦时期,人们并不像现在一样直接拿一笏墨在砚台上磨,而是把墨丸放在砚台里,然后用研石边舂边磨。"文房四宝"之中,能直接追溯到先秦时代的只有笔。

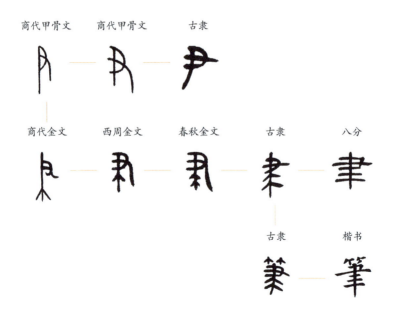

【"笔""尹""聿"字形源流】

传说战国末年秦国的名将蒙恬发明了笔，但这个家喻户晓的传说却并不符合史实，早在商周时期就已经有了笔，这在古文字中就有所体现。最早被用来表示"笔"这个概念的字是"聿"，字形正像右手执笔书写，笔的下端以分叉的笔画来表示在书写过程中被铺开的笔毫，可见当时的笔显然就是毛笔。古文字中一形多用的现象在前面的章节中已经多次遇到，"聿"的早期古文字字形也属于这种情况，和它共用一个字形的词是"尹"。"聿"与书写文字有关，而文字对于上古时期的统治阶层来说是一种重要的统治工具，于是由"聿"一词派生出了"尹"来作为官长的名称，并且和它共用一个字形。

不过，笔和官长这两个概念虽然有关，但毕竟不能等同，因此"聿"和"尹"很快就有了区分，西周以后的"尹"字竖画上端都不出头，"聿"字则反之。后来，人们在"聿"字中间一竖接近于末端处添上了一个短横，作装饰之用，汉代以后，分叉的笔画被拉平而成为横画，现在通行的写法至此已告成型。

战国时期的秦国人为"聿"字添上了"竹"旁，造出"筆"这个新字形，专门用来表示笔，而"聿"字则另作他用了。

在近几十年的考古发现中，我们有幸见到了先秦时期的毛笔。其中最早的一支笔出土于河南省信阳市长台关战国早期的楚墓，笔毫是用细绳围住笔杆下端一周捆缚固定的，工艺非常朴素。湖南省长沙市左家公山战国中期楚墓出土的毛笔在工艺上有了一定的进步，把笔杆下端劈开，夹住笔毫，并用细绳捆绑固定。湖北省荆门县包山战国晚期楚墓出土的毛笔反映出，战国晚期楚国的制笔方法又有了新的变化，人们先用细绳捆绑笔毫，然后塞进处理过的笔杆下端，与现在的毛笔已经没有多少区别了，这支笔还有一个值得留意的地方，它的上端是尖的，这

图10-6　河南长台关一号战国楚墓出土毛笔(线图)

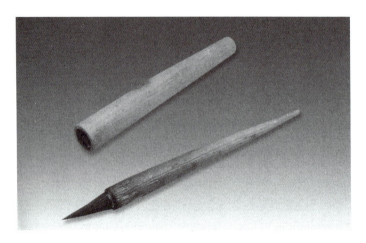

图 10-7 甘肃旱滩坡前凉墓出土簪笔

是因为当时的职业抄写员在工作间隙会暂时把笔当作簪子插在头上。

书写和绘画都需要用笔来完成，所以表示这两个行为的词"书"和"画"所对应的文字符号都以"聿"为表意偏旁。

西周金文	古隶	八分

【"书"字形源流】

"书"字由"聿"和表音偏旁"者"组成，在字形演变过程中，"者"旁不断简化，在秦汉文字中，"聿"下面的两横与"者"上面的两横重叠了起来，产生了"書"这个字形。它继续简化的结果是，在汉代草书中出现了用一根线条概括若干横画的写法，这种写法一经规整化，就是简化字"书"的滥觞。在古代，"书"作动词可指书写，作名词时既可指书册、书卷、书法，也可以指书信。

"画"这个字刚开始所表达的意思并不是状物式的绘画，中国人的状物意识发生于战国时期，在此之前，中国绘画的主流是丰富多彩的纹样。所以，甲骨文和早期金文中的"画"字表现的正是人手执笔绘制纹饰的情景，上面的"聿"旁像人手执笔，下面四端弯曲的"X"形便是纹饰的抽象表达。

| 商代金文 | 商代甲骨文 | 西周金文 | 战国古文 | 古隶 | 八分 |

【"画"字形源流】

"画"不仅有绘画的意思，还有规划的意思，古代社会以农为本，耕地是极其重要的资源，但其边界常因洪涝等自然灾害而被毁坏，往往需要重新规划，所以"画"字在后来的发展演变过程中，就被人们在原型之下增添表示田地之意的偏旁。

言语间的微妙消息

　　文明固然要依靠书面记载来代代相传，但口头表达的重要性同样不容忽视，今文《尚书》二十八篇就是依靠伏生口授而得以流传下来的。在精英阶层里，口头表达能力受到了普遍重视，《论语·先进》列举了孔子门下十位弟子的特长：

　　德行：颜渊，闵子骞，冉伯牛，仲弓。言语：宰我，子贡。政事：冉有，季路。文学：子游，子夏。

言语作为一种特长与德行、政事、文学并列，直观地反映出了它在儒家思想体系中的重要性。唐代的选官标准里也包含"言辞辩正"，要求候选人有较高的口头表达水平，言辞既要华美，也要雅正。既然言辞如此重要，那么这一节我们就对与口头言说有关的几个汉字进行介绍。

　　说话要动口，所以表示言语的字在形体上往往离不开"口"。在"口"字上面加一短横，表示口向外的动作，这就是"曰"字，其本义是人的嘴巴发出声气，即说话。后来，短横的位置和形状略有变化，渐渐与左右两边的竖画贴合而成为今天通用的字形。

商代甲骨文	古隶	八分

【"曰"字形源流】

把"曰"字较早的古文字字形倒过来，就是"今"字。上古时期造字的人通过这种方法，造出与被倒写的字意义相反的字。"今"的意思与"曰"恰好相反，它表示闭嘴的意思。

| 商代甲骨文 | 秦篆 | 八分 | 楷书 |

【"今"字形源流】

口之所以能发出声音，舌头的作用是比较突出的，"语言"一词的英文language 正是源于拉丁文的"舌头"一词 lingua，汉字"言"的早期形体也与"舌"密不可分——在"舌"字上面加上一横就成了"言"字。"言"字的基本构造从它产生之初直到战国都没有太大的改变，只是有时候被人们在顶上添加一个短横作为装饰，这一笔至今还保留着，不过已经缩短成点了。到了秦汉时代，舌尖的分叉笔画被拉直而成横画，代表舌头主体的竖画因草写而和"口"的左边一竖连在一起，进而变短、消失。

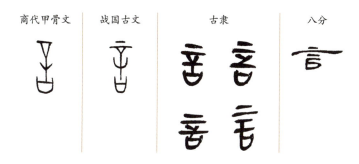

| 商代甲骨文 | 战国古文 | 古隶 | 八分 |

【"言"字形源流】

"言"是人发出的有意义的声音，若人言美妙，则定会给他人留下深刻的印象，为了表示美妙的声音，人们对"言"字稍加改造，发明了一个新的字，这就是"音"。"音"的古文字字形就是在"言"的"口"旁中加一短横，以此作为美妙之"音"区别于普通的"言"的符号。中间多出一横的"口"在隶书中与"日"形似，于是渐渐被写成了"日"。与"言"字不同，"音"字中间代表舌尖的分叉笔画并没有被拉平，至今依旧保持着原貌。

春秋金文   古隶

【"音"字形源流】

不同性情的人对待口头表达的态度很不一样，有人信奉沉默是金，也有人喜欢口若悬河。在古文字里，有一个字形就是形容多言的，这就是"嚚"字，这个字和"岩"的异体"嵒"并不是同一个字，它们之间有着细微的差别。许慎在《说文解字》中对前者形体的分析是"从品相连"，意思是说，下面像"山"一样的部件并不是"山"，而是把三个"口"连起来的骨架；对后者形体的解说则是"从山、品声"，也就是说，"山"是表意偏旁，"品"是表音偏旁。

"嚚"在甲骨文中有一种异体，在下面画出一个人形，表示一个人顶着三张嘴（严），非常生动地表达出了多言这一本义。这种下有人形的写法在西周以后就不再独立使用了，但它长期被用来充当一个至今仍然常用的字的偏旁，这个常用字就是"严"，繁体写作"嚴"。上面由两个"口"和"厂"形组成的部分就是从"嚚"的异体演变过来的，这个偏旁在"嚴"这个字形中的作用是表意，而"敢"旁则用于表音。由此可见，"严"的本义也并非严格、严肃，而是与夸诞、多言一类意思有关。

西周金文	春秋金文	古隶	八分	楷书
嚴	嚴	嚴	嚴	嚴

【"严"字形源流】

　　"盖文章，经国之大业，不朽之盛事"，这是魏文帝曹丕《典论·论文》中的一句话。他所说的"文章"本来固然是指文学创作，但"文章"一词所具有的其他意涵——艺术、辞令以及它们所承载的礼仪，同样关乎国运家声，关乎中国人世代相传的价值认同。正是这些与更广义的"文章"有关的汉字，带领我们暂时地穿越到了那个被孔子赞誉为"郁郁乎文哉"的时代，探寻中华文明的原始基因。

代结语：古文字学家的技艺

本书讲述了许多关于汉字形体源流的"冷知识"，同时也展示了其中蕴含的中国古代文明的精彩片段。这些"冷知识"能够被我们掌握，应该归功于一代代古文字学家前赴后继的努力。当下，古文字学被认为是"冷门绝学"，作为"绝学"的传承者，古文字学家自然属于人群中的绝对少数。正因为如此，对于大众来说，古文字学家的日常工作充满了神秘感——他们关注些什么？掌握着怎样的技艺？承担着怎样的工作？他们的研究成果有哪些应用场景？

古文字与古文字学

在漫长的汉字发展史上，曾经有过一次重大的转折。自战国中晚期起，秦国文字开始发生变化，圆转的线条被分解成方折、平直的笔画，繁复的部件因被省略、合并、改换而趋于简化，这些趋势持续发展的结果是，一种象形程度大大降低的新字体——隶书登上历史舞台。隶书的成长伴随着篆书的退场，这一过程被称为隶变。以隶变为界，在此之前的产生的字体为古文字，在此之后产生的字体则为今文字，而始于战国晚期、终于西汉中期的隶变则是古今文字的过渡阶段。换言之，中国的古文字包括自商代至秦代产生和流行的汉字。就存世的材料而言，商代文字以甲骨文和金文为主，西周、春秋文字主要是金文，战国文字按载体不同有金文、简帛文字、陶瓦文字、玺印文字等，按地域不同大致分为齐、楚、秦、晋、燕五系，其中秦文字主要包括小篆和早期隶书。上述这些早已不再通行的字体，均在古文字学的研究范围之内。

文字是表示语言的符号，中国的古文字则是表示古代汉语的符号。每一个古文字都有其特定的形体、读音和意义，形体为文字本身所有，是古文字学的主要研究对象，而读音和意义则来自文字所表示的词，研究它们的学问分别称为音韵学和训诂学。由于文字的形、音、义息息相关，所以古文字学与音韵学、训诂学之间的关系极为密切。面对一个陌生的字形，古文字学家需要做的工作有哪些呢？首先，要辨认出它是什么字，这包含了对两个问题的回答，一是它当初表示的是语言中的哪个词，二是它相当于后世的哪个字，或者说与后世的哪个（些）字有关。其次，要合理地解释字形结构原理，阐述每一个部件的功能，对于表意构件或表意字，还要尽可能详细分析其形象是如何表达其意义的。在进行上述两项工作的过程中，研究者还要尽可能地找到待释字形在某字演变序列中的位置，揭示它由什么样的形体演变而来、后来又演变成了什么样的形体。只有实现了这些目标，才能说某个字被彻底认识了。"是什么字"或"某字形表示语言中的哪个（些）词"是可以被证明的，各种结论之间有明确的正误是非之别，然而，"某字形如何表达某个词的含义"却是无法得到确证的，即使起古人于地下，让三四千年前的人们来回答这一问题，恐怕他们之间也很难完全达成共识，因此，我们只能以解释力的强弱为标准来判断各种说法的优劣。例如，甲骨文中有一个写作"𧈙"的字，如果将它严格地转写成隶楷字形，则应当写作"蚩"，裘锡圭先生发现，跟这个字有源流关系的"𧕤""𧖅"等字可与"害"或以"害"为表音偏旁的字通假，即它们读音与"害"相近或相同，而"𧈙"这个字形由"虫"旁与倒过来的"止"旁组成，像蛇虫啮咬人的脚，也有伤害的意思，所以它最早表示的词很可能就是"伤害"的"害"，相当于今天的"害"字。这是破译古文字的一个成功案例，既准确地回答了是什么字、与后世哪些字词对应，也合理地解释了该字形如何表示其意义。

在积累大量单字考释个案的基础上，古文字学家就可以对古文字的构造原理以及古文字的发展演变规律进行整体性的探讨了。例如，东汉学者许慎撰写《说文解字》，在完成对九千余字的分析解说后，为这部书写了一篇序言，在序言中以"六书"——指事、象形、形声、会意、转注、假借——来概括古文字的构造原理，还将传说时代以来文字形成与发展的一些规律总结为依类象形、形声相益等几个方面。由于资料的局限，许慎的概括自有未周之处。随着古文字材料大量出土，新的古文字考释成果不断涌现，现代学者对古文字构造原理的认识更为深入，将"六书"进一步概括为"三书"——表意、形声、假借；同时，今人对古文字演变规律的把握也更为全面，如本书涉及的累增偏旁、简省分化、变形音化、形近讹混等等，都经过大量文字演变事实的验证。

古文字是怎样被认出来的

经过隶变，汉字的字形发生了巨大的变化，因此，在绝大多数情况下，我们很难将一个古文字字形和它的"后身"联系起来，那么，古文字是怎样被认出来的呢？

宋代古文字学家吕大临编了一本名为《考古图》的书，广泛地收录了当时著名的青铜器收藏家的代表性藏品，然后又为这些青铜器的铭文编写了一本配套的工具书，叫作《考古图释文》（此书也有人认为是当时另一位学者赵九成所编）。《考古图释文》的序言列举了好几种破译古文字的方法，原文是这么说的：

> 其（指古文）传于今者有古《尚书》《孝经》、陈仓《石鼓》及郭氏《汗简》、夏氏《集韵》等书，尚可参考。然以今所图古器铭识，考其文义，不独与小篆有异，而有同是一器、同是一字而笔画多寡、偏旁位置、左右上下不一者。……乃知古字未必同文。至秦既有省改，以就一律，故古文笔画非小篆所能该也。然则古文有传于今者，既可考其三四，其余或以形象得之，如"𫝀"为"射"、"●"为"丁"、"𠦄"为"壶"、"𨿅"为"鬲"、"𨏱"为"车"之

类；或以义类得之，如"𦣻"为"𦣻"、"𡥀"为"婦"之类；或笔画省于小篆，如"𢜬"作"惟"、"𡲢"作"位"之类；或笔画多于小篆，如"𨖃"作"萬"（小篆乃"迈"字）、"𤓸"作"受"、"𥣗"作"秦"、"𨛜"作"邺"之类。

总结起来说，吕大临列举的古文字考释方法包括对照传抄古文字形、对照小篆字形和因形求义，下面我们结合实例对这几种方法作详细介绍。

有些古文字可以通过查阅前代流传下来的传抄古文材料来破译，这些材料包括但不限于《说文解字》《汗简》《古文四声韵》等字书和曹魏《三体石经》、唐代《碧落碑》《阳华岩铭》等碑刻。虽然传抄古文错讹颇多，但因为其中相当一部分有较为可靠的早期来源，故其参考价值仍不容小觑。下面举一个利用传抄古文破译甲骨金文的典型案例。甲骨文和金文中的"𡥀""𡥀"过去曾经被误认为是"孝"字，张亚初先生发现，夏竦的《古文四声韵》在"字"字下收录了一个写作"𡥀"的字形，形体结构与甲骨文和金文中的"𡥀""𡥀"完全一致，因此他认为"𡥀""𡥀"就是"字"字。后来，郭店楚简出土，人们看到《老子》乙种中与今本《老子》"明道若昧"的"昧"字相对应的字写作"𡥀"。从形体结构来判断，它和"𡥀""𡥀"显然是同一个字，马王堆帛书《老子》乙本中与之对应的字则是"费"，可见"𡥀"的读音应当与"费""昧"相近，而"字"在上古时期的读音恰恰符合这一条件。所以，分别出自郭店楚简和马王堆帛书的两种《老子》古本有力地证明了将"𡥀""𡥀"释为"字"是正确的，而获得正解的核心手段则是从《古文四声韵》中查阅相关字形。

《说文解字》所收录的字形以小篆为大宗，这部字书最大的贡献之一正是保存了大量小篆字形，使得小篆能够被后世学者熟习。小篆作为古文字发展历程的终点，其字形构造原理与早期古文字仍有密切关联。因此，以《说文解字》所见小篆字形为参考系进行比较，仍不失为破译古文字的一种行之有效的途径，正如罗振玉在《殷虚书契考释》的序言中所说："由许书（即《说文解字》）以溯金文，由金文以窥书契（即甲骨文），穷其蕃变。"当然，《说文解字》编成之时，上距以小篆为官方字体的时代已有三百余年，书中收录的小篆字形由于受到许多因素的影响而与秦篆原貌偶有出入，但我们不能因此而轻视其价值。此外，可以补充的一点是，以与小篆同时通行的早期隶书字形为参考系进行对照，有时也能够获得重要的启发。例如，两周金文中有一个写作"**⿰**"的字形，过去被误认为"豙"字，陈剑先生从秦汉之际的隶书中发现了写法与之一脉相承的"彖"字——"**⿰**"，由此为将"**⿰**"改释为"彖"找到了字形上的关键证据。

针对一些简单的象形字，往往可以因形求义，用"看图说话"的方法来进行初步假设。因为早期古文字象形意味比较浓厚，所以这种方法在辨认早期古文字时尤有用武之地，诸如"日""月""山""水"等简单的象形字多是用这种办法认出来的。不过，"看图说话"并不是一种足够精密的方法，在考释结构较复杂的古文字时作用有限。

吕大临对古文字考释方法的概括总体上并无大误，但也应该承认，其中存在一定的时代局限。在他列举的几种方法以外，还有一些适用范围更广的方法，能够更加有效地帮助我们破译疑难字。

因为形声是汉字的主要构造方式之一，而且随着汉字体系的发展，形声字所占的比例越来越高，所以破译古文字不仅要如吕大临所说"以义类得之"，也要关注读音。利用已经认识的偏旁的读音和意义来推求未知字形的读音和意义的方法被称为偏旁分析法，为二十世纪著名的古文字学家唐兰所大力提倡。裘锡圭先生对"远"字的考释就有效地运用了这种方法，他根据汉字构形的一般原则将甲骨文中未被认识的"**⿰**"（简体写作"**⿰**"）字判定为形声字，还发现它们的表音偏旁"**⿰**""**⿰**"同时也是早已被认出来的"睘"字的表音偏旁。按照《说文解字》的解释，"睘"的表音偏旁是"袁"，所以，"**⿰**"就是"袁"字。由于"彳"充当偏旁时可与"止""辶"相互替换，故知"**⿰**""**⿰**"就是"远"字。这一破译过程中的一个关键环节就是通过已经认识的"睘"字的读音来推求"**⿰**""**⿰**"的读音。

近几十年来，战国竹简大量出土，其中不少内容与从古至今流传下来的古书有密切关系，很多句子为出土简册和传世古书所共有，两者之间只是个别文字有出入。例如，清华大学藏战国竹简中有大量与《尚书》相关的内容，安徽大学藏战国竹简中有《诗经》，郭店楚简中有三个版本的《老子》和见于今本《礼记》的《缁衣》，上海博物馆藏楚简有《周易》《缁衣》。既然如此，如果简文中有不认识的字，只要与传世的文本一对照，就可以知道这个不认识的字应该表示什么词，这样一来，认字的方向也就明确了。下面举一个典型的例子略作说明。战国时期的楚文字里有一个写作"🈲"的字，出现的场合有：

岁🈲返。(《鄂君启节铭文》)

🈲缺🈲盈，以己为万物经。(郭店楚简《太一生水》)

淑人君子，其义🈲也。(郭店楚简《五行》)

巧合的是，郭店楚简《五行》中的这句话也出现在了传世的《诗经·鸤鸠》中，《鸤鸠》的原句是"淑人君子，其义一也"，学者因此得知"🈲"这个字形可以用来表示"一"这个词，尽管它不一定就是"一"字，它为什么能够读作"一"也无法确知。把这个读法应用于其他两个句子，均能使句意明白晓畅，"岁一返"即一年里往返一次，"一缺一盈"指作为万物本原的"太一"有相反相成的两面，盈缺交替，周而复始。从这个例子可以看到，熟读传世典籍、了解先秦历史与思想也是从事古文字学研究的必要条件，正如唐兰所说："古文字学的功夫不在古文字。"

应该特别强调的是，无论运用什么方法，都要找到字形和读音上的坚实证据，这是古文字考释精密化和科学性的重要保证。一方面，要能够在全盘掌握材料的基础上构建相对完整、无逻辑缺环的字形演变序列；另一方面，要通过分析字形来判断其表音偏旁，同时结合具体的语境看它可以与哪些已经认识了的字表示相同的词，以此确定其读音。一旦字形和读音上的关键证据被找到，结论也就呼之欲出了。

如前所述，古文字考释的结论是可以证实或证伪的，最常用的一种验证方法是，把结论放回相关的语境中，在充分考虑通假等各种因素的前提下，看语句是否通顺、是否符合当时的表达习惯。如果答案是否定的，就说明结论极可能是错误的，只有当一个结论代入绝大部分甚至所有含有待释字形的语句后都能使语意通畅且符合特定时代的表达习惯，它正确的概率才足够高。以前文所述"𠂤"字为例，将它释为"害"，代入相关的例句：

> 壬戌卜，亘贞：有广齿，唯有害。（《甲骨文合集》13644）
>
> 贞：王无害。（《甲骨文合集》17035）

"有害""无害"是上古时期常见的表述，《尚书·金縢》记载，周公占卜之后，说："王其罔害。"与上引甲骨卜辞恰可相互发明。由此可见，释"𠂤"为"害"是可靠的。

古文字学研究成果的使用场景

我们在当下的日常生活中似乎并没有多少与古文字亲密接触的机会，这是否意味着古文字学对于现实世界而言毫无意义呢？答案也许是否定的。

过去，有关文字、音韵、训诂的学问合称小学，小学是为读懂上古流传下来的典籍服务的一个工具性学科。古文字是记录上古汉语的符号，是上古汉语的书面形式，先秦典籍的原始版本和早期抄本全部都是用古文字写成的，因此，古文字知识能够帮助人们读懂先秦典籍。面对出土的先秦文本时，古文字知识的作用自不待言。今天所看到的传世先秦典籍，其文本面貌已经发生了较大的变化。变化的原因很复杂，概而言之，写本时代的文本每经过一次传抄，都有可能发生变化，这些变化包括由形近、音近等各种原因造成的错别字。古文字知识可以为学者们恢复古书文本在不同历史阶段的面貌提供有益的参考，在这方面，清代学者王懿荣和吴大澂贡献了一个经典的案例。《尚书》中屡屡出现"前宁人""宁考"等词汇，从前的经学家大多牵强地把其中的"宁"解释为安宁，而王懿荣和吴大澂在周代的金文中发现，"前文人"这一常见语汇中的"文"字的写法与"宁"字非常相似，因此怀疑上面提及的《尚书》中的几处"宁"字原本应该都是"文"字。当上述几处"宁"字统一改为"文"字，语意也就畅通了，"前文人"指前代有文德的人，"文考"是对已故先王的尊称，这说明王懿荣和吴大澂的结论是正确的。从王懿荣和吴大澂的这项工作中，不难看出古文字知识之于准确理解典籍的积极意义。

二十世纪以来，随着考古事业的迅猛发展，数量庞大的上古文献经科学发掘而得以重见天日，研究者需要对它们的书写时代作出判断，与此相关的研究工作相当倚重古文字学的知识积累。举个例子，假设一个用秦文字写成的文本中，"皇"字上部无一例外均写作"自"而不写作"白"，"乡"一词用"卿"字而不用"乡"字来表示，我们就可以初步推断，该文本的书写时间不晚于秦统一六国。这是因为，秦始皇的"书同文字"政策中包含了把"皇"字的写法统一为上"白"下"王"、"乡"一词不再用"卿"字而改用"乡"字来表示的条例，这两项关于改造字形和调整字词关系的规定都被记载在里耶出土的秦代"同文字方"上。近年公布的出土材料中，有一部分并非来自科学考古发掘。面对出土信息不明的材料，鉴别真伪无疑是一项重要的工作，在这项工作中，古文字知识同样能够发挥关键的作用。举例来说，假设一卷楚简中提到春秋时期秦国的史事，出现了"秦景公"三个字，学者就可以根据楚文字借"竞"来表示作为姓名、谥号的"景"这一用字惯例，判断出这卷简册很可能是赝品。以古文字形体和用字习惯为依据判断文物的时代和真伪时，学者们还会结合其他相关信息进行综合考量，尽可能避免凭借孤立的证据来下结论。

在对传世典籍文本的解读和对出土文字材料的鉴识中，古文字学是作为一种工具、一种方法而被人们重视的，然而，它的意义和价值并不仅仅止于此。陈寅恪在读过沈兼士的《"鬼"字原始意义之试探》一文后，给沈氏回信说："凡解释一字即是作一部文化史。"这一说法是很有道理的，因为汉字的形、音、义都是特定历史情境下的产物，它们本身就蕴藏着丰富的历史信息。当我们深入考察古文字形体产生的缘由，仔细梳理它们嬗变的脉络，波澜壮阔的历史画卷便在我们眼前徐徐展开。例如，"为"字的甲骨文字形像以手牵象，反映出三千年前象群频繁出没于商代人聚居的中原地区，以及当时人曾役使大象来辅助劳动的史实；又如，"出""各"二字的古文字形体中，"凵"这一偏旁象征着地穴或半地穴式建筑，是人类早期居住环境的真实写照；再如，为"岁星"之"岁"所造的字形取象于象征着王权的钺，体现了古人对岁星的敬畏。相关例子所在多有，不一而足。以古文字为媒介，我们可以穿越时空，走进古人的生活世界，从古人的视角观照自然万物和社会百态，与古人进行思维和情感层面上的深度交流，从而了解今天习以为常的一切从何而来。

总而言之，古文字学是打开古代文明宝库的一把钥匙，能够帮助我们更深刻地洞察往昔世相。这篇结语的标题套用了法国历史学家马克·布洛赫（Marc Bloch）的名著《历史学家的技艺》的书名，在此书中，作者指出，基于下面两方面原因，由古可以知今：其一，社会发展受到某些惰性力量牵制，现实问题的成因往往需要向更早的时代追溯；其二，没有比较就没有真正的理解，而历史与现实既有联系又有区别，自然是理解现实的重要参考系。既然历史之于现实的意义无法被否定，那么，古文字作为了解历史的工具之一，以它为研究对象的学问即使再"冷"，也仍有继续存在和发展的必要。

参考资料

一、古籍（整理本）

［汉］孔安国传，［唐］孔颖达正义《尚书正义》，上海古籍出版社 2008 年。

［汉］刘歆著，［晋］葛洪辑，周天游校注《西京杂记校注》，中华书局 2000 年。

［汉］司马迁著，［宋］裴骃集解，［唐］司马贞索隐，［唐］张守节正义《史记》，中华书局 2014 年。

［汉］许慎《说文解字》，中华书局 1963 年。

［汉］郑玄注，［唐］贾公彦疏《周礼注疏》，上海古籍出版社 2010 年。

［汉］郑玄注，［唐］孔颖达正义《礼记正义》，上海古籍出版社 2008 年。

［梁］顾野王编，王平等整理《宋本玉篇》，上海书店出版社 2017 年。

［明］宋应星著，潘吉星译注《天工开物译注》，上海古籍出版社 2008 年。

［清］段玉裁《说文解字注》，上海古籍出版社 1988 年。

［清］黎翔凤校注，梁运华整理《管子校注》，中华书局 2004 年。

［清］钱大昕著，程羽黑笺注《十驾斋养新录笺注》，上海书店出版社 2015 年。

［清］孙诒让著，孙启治点校《墨子间诂》，中华书局 2001 年。

［清］王先谦集解，沈啸寰等整理《荀子集解》，中华书局 2020 年。

［宋］洪迈著，孔凡礼整理《容斋续笔》，《全宋笔记》第 5 编第 5 册，大象出版社 2012 年。

[宋]洪兴祖注，白化文等点校《楚辞补注》，中华书局 1983 年。

[宋]吕大临等著，廖莲婷整理校点《考古图（外五种）》，上海书店出版社 2016 年。

[唐]玄应、[唐]慧琳、[辽]希麟著，徐时仪校注《一切经音义三种校本合刊》，上海古籍出版社 2012 年。

陈鼓应《老子今注今译》，中华书局 2009 年。

陈奇猷《韩非子新校注》，上海古籍出版社 2000 年。

陈奇猷《吕氏春秋新校释》，上海古籍出版社 2002 年。

程俊英《诗经注析》，中华书局 2017 年。

黄寿祺等《周易译注》，上海古籍出版社 2010 年。

杨伯峻《春秋左传注》，中华书局 2009 年。

杨伯峻《孟子译注》，中华书局 2010 年。

杨伯峻《论语译注》，中华书局 2019 年。

二、专著

北京大学考古学系《华县泉护村》，科学出版社 2003 年。

常玉芝《殷商历法研究》，吉林文史出版社 1998 年。

陈佩芬《夏商周青铜器研究》，上海古籍出版社 2004 年。

费孝通《乡土中国》，北京出版社 2011 年。

冯时《百年来甲骨文天文历法研究》，中国社会科学出版社 2011 年。

郭永秉《九个汉字里的中国》，上海文艺出版社 2019 年。

黄德宽等《古文字谱系疏证》，商务印书馆 2007 年。

季旭昇《说文新证》，福建人民出版社 2010 年。

贾连翔《战国竹书形制及相关问题研究》，中西书局 2015 年。

蒋绍愚《汉语历史词汇学概要》，商务印书馆 2015 年。

李荣《文字问题》，商务印书馆 2012 年。

李学勤《古文字学初阶》，中华书局 2013 年。

李学勤等《字源》，天津古籍出版社 2013 年。

刘钊《古文字构形学》，福建人民出版社 2006 年。

马衡《中国金石学概论》，时代文艺出版社 2019 年。

钱锺书《管锥编》，生活·读书·新知三联书店 2007 年。

裘锡圭《文字学概要》，商务印书馆 2013 年。

容庚《商周彝器通考》，上海人民出版社 2008 年。

单育辰《甲骨文所见动物研究》，上海古籍出版社 2020 年。

孙机《载驰载驱：中国古代车马文化》，上海古籍出版社 2016 年。

唐兰《古文字学导论》，齐鲁书社 1981 年。

西安半坡博物馆《西安半坡》，文物出版社 1982 年。

邢义田《画为心声：画像石、画像砖与壁画》，中华书局 2011 年。

张翀《青铜识小》，北京联合出版公司 2020 年。

张书岩等《简化字溯源》，语文出版社 1997 年。

张衍田《中国古代纪时考》，上海古籍出版社 2019 年。

赵诚《甲骨文简明词典——卜辞分类读本》，中华书局 2009 年。

赵平安《隶变研究》，河北大学出版社 2009 年。

中国社会科学院考古研究所《殷墟妇好墓》，文物出版社 1980 年。

朱凤瀚《中国青铜器综论》，上海古籍出版社 2009 年。

竺可桢《天道与人文》，北京出版社 2005 年。

〔美〕钱存训《书于竹帛：中国古代的文字记录》，上海书店出版社 2006 年。

〔美〕夏含夷（Edward L. Shaughnessy）等《中国古文字学导论》，中西书局
2013 年。

〔美〕许倬云《汉代农业：早期中国农业经济的形成》，江苏人民出版社

1998 年。

　　[美]杨联陞《中国文化中"报""保""包"之意义》，贵州人民出版社 2009 年。

　　[美]张光直《中国青铜时代》，生活·读书·新知三联书店 2013 年。

三、文集

　　陈剑《甲骨金文考释论集》，线装书局 2007 年。

　　陈斯鹏《卓庐古文字学丛稿》，中西书局 2018 年。

　　郭永秉《古文字与古文献论集》，上海古籍出版社 2011 年。

　　林沄《林沄文集·文字卷》，上海古籍出版社 2019 年。

　　林沄《林沄学术文集》，中国大百科全书出版社 1998 年。

　　刘钊《古文字考释丛稿》，岳麓书社 2005 年。

　　刘钊《书馨集续编：出土文献与古文字论丛》，中西书局 2018 年。

　　裘锡圭《裘锡圭学术文集》，复旦大学出版社 2015 年。

　　谢明文《商周文字论集》，上海古籍出版社 2017 年。

　　徐中舒《古器物中的古代文化制度》，商务印书馆 2015 年。

　　扬之水《古诗文名物新证合编》，天津教育出版社 2012 年。

　　余嘉锡《余嘉锡文史论集》，岳麓书社 1997 年。

　　张永言《语文学论集》，复旦大学出版社 2015 年。

　　赵平安《新出简帛与古文字古文献研究》，商务印书馆 2009 年。

四、单篇论文

　　陈侃理《里耶秦方与"书同文字"》，《文物》2014 年第 9 期。

　　陈梦家《寿县蔡侯墓铜器》，《考古学报》1956 年第 2 期。

　　何景成《释花东卜辞的"所"》，《古文字研究》第 27 辑。

　　胡厚宣《殷代的冰雹》，《史学月刊》1980 年第 3 期。

蒋玉斌《释甲骨金文的"蠢"兼论相关问题》,《复旦学报(社会科学版)》2018年第5期。

蒋玉斌《释甲骨文中的"独"字初文》,《古文字研究》第30辑。

李步青等《山东长岛王沟东周墓群》,《考古学报》1993年第1期。

李春桃《从斗形爵的称谓谈到三足爵的命名》,《中研院历史语言研究所集刊》第89本第1分。

李春桃《说"夬""韘"——从"夬"字考释谈到文物中扳指的命名》,《吉林大学社会科学学报》2017年第1期。

罗运环《苹果源流考》,《北京林业大学学报》2014年第2期。

缪哲《重访楼阁》,《台湾大学美术史研究集刊》第33期。

钱玄同《汉字革命》,《国语月刊》第1卷。

青海省文物管理处考古队《青海大通县上孙家寨出土的舞蹈纹彩陶盆》,《文物》1978年第3期。

沈培《说古文字里的"祝"字及相关之字》,《简帛》第2辑。

四川省博物馆《成都百花潭中学十号墓发掘记》,《文物》1976年第3期。

宋华强《释甲骨文的"戾"和"体"》,《语言学论丛》第43辑。

孙沛阳《简册背划线初探》,《出土文献与古文字研究》第4辑。

田建《甘肃武威旱滩坡出土前凉文物》,《文博》1990年第3期。

田炜《论秦始皇"书同文字"政策的内涵及影响——兼论判断出土秦文献文本年代的重要标尺》,《中研院历史语言研究所集刊》第89本第3分。

田园《商代铜鼓》,《江汉考古》1999年第1期。

王子杨《武丁时期的流星雨记录》,《文物》2014年第8期。

孙守道《三星他拉红山文化玉龙考》,《文物》1984年第6期。

邬可晶《对〈管子·水地〉篇与郭店简〈太一生水〉"水生说"比较的补充意见》,《出土文献》2020年第3期。

吴镇烽《内史亳丰同的初步研究》,《考古与文物》2010 年第 2 期。

徐汝聪《韘及韘佩——以梁带村芮国墓地 M27 出土韘为例》,《两周封国论衡:陕西韩城出土芮国文物暨周代封国考古学研究国际学术研讨会论文集》,上海古籍出版社 2014 年。

阎步克《由〈三礼图〉中的雀杯爵推论"爵名三迁,爵有四形"》,《北京大学学报(哲学社会科学版)》2019 年第 6 期。

于省吾《岁、时起源初考》,《历史研究》1961 年第 4 期。

张朋川《甘肃出土的几件仰韶文化人像陶塑》,《文物》1979 年第 11 期。

张世超《北京大学藏西汉竹书的文字学启示》,《古代文明》2014 年第 4 期。

张亚初《甲骨文金文零释》,《古文字研究》第 6 辑。

[法]风仪诚(Olivier Venture)《战国两汉"于""於"二字的用法与古书的传写习惯》,《简帛》第 2 辑。

五、工具书

陈松长《马王堆简帛文字编》,文物出版社 2001 年。

董莲池《新金文编》,作家出版社 2012 年。

方勇《秦简牍文字编》,福建人民出版社 2012 年。

黄征《敦煌俗字典》,上海教育出版社 2005 年。

李圃等《古文字诂林》,上海教育出版社 2019 年。

李守奎《楚文字编》,华东师范大学出版社 2003 年。

刘复等《宋元以来俗字谱》,中研院历史语言研究所 1992 年。

刘钊等《新甲骨文编》,福建人民出版社 2014 年。

毛远明《汉魏六朝碑刻异体字典》,中华书局 2014 年。

骈宇骞《银雀山汉简文字编》,文物出版社 2001 年。

邱玉婷《张家山汉简文字编》,复旦大学 2015 年硕士学位论文。

容庚《金文编》，中华书局 2016 年。

商承祚《石刻篆文编》，中华书局 1996 年。

孙刚《齐文字编》，福建人民出版社 2010 年。

孙海波《甲骨文编》，哈佛燕京学社 1934 年。

汤余惠《战国文字编》，福建人民出版社 2015 年。

汤志彪《三晋文字编》，作家出版社 2013 年。

王辉《秦文字编》，中华书局 2015 年。

徐无闻等《秦汉魏晋篆隶字形表》，四川辞书出版社 1985 年。

宗福邦等《故训汇纂》，商务印书馆 2003 年。

六、图录

北京鲁迅博物馆、湖州市博物馆编《疑古玄同：钱玄同文物图录》，大象出版社 2016 年。

陈松长等编《岳麓书院藏秦简（壹）》，上海辞书出版社 2010 年。

陈伟等编《秦简牍合集》，武汉大学出版社 2014 年。

高文等编《中国巴蜀新发现汉代画像砖》，四川美术出版社 2015 年。

故宫博物院编《千古风流人物：故宫博物院藏苏轼主题书画特展图录》，故宫出版社 2020 年。

湖南省文物考古研究所编《里耶秦简（壹）》，文物出版社 2012 年。

荆门市博物馆编《郭店楚墓竹简》，文物出版社 1998 年。

李学勤等编《清华大学藏战国竹简（叁）》，中西书局 2012 年。

刘芳如编《遗珠：大阪市立美术馆珍藏书画》，台北"故宫博物院" 2021 年。

裘锡圭等编《长沙马王堆汉墓简帛集成》，中华书局 2014 年。

王珅编《汉唐奇迹：中国艺术状物传统的起源与发展》，上海书画出版社 2019 年。

吴镇烽编《商周青铜器铭文暨图像集成》，上海古籍出版社 2012 年。

吴镇烽编《商周青铜器铭文暨图像集成续编》，上海古籍出版社 2016 年。

俞伟超等编《中国画像石全集》，山东美术出版社 2000 年。

俞伟超等编《中国画像砖全集》，四川美术出版社 2005 年。

中国社会科学院考古研究所编《殷周金文集成》，中华书局 2007 年。

中国社会科学院历史研究所编《甲骨文合集》，中华书局 1999 年。

七、其他

中国文字改革委员会《简化字总表》，文字改革出版社 1977 年。

中华人民共和国国务院《汉字简化方案》，人民教育出版社 1956 年。

索　引

图书在版编目（CIP）数据

字说中国：汉字里的生活世界 ／ 陈文波著 . — 上海：上海古籍出版社，2022.9（2023.10 重印）

ISBN 978 - 7 - 5732 - 0140 - 9

Ⅰ . ①字… Ⅱ . ①陈… Ⅲ . ①汉字—通俗读物 Ⅳ . ① H12-49

中国版本图书馆 CIP 数据核字（2021）第 246114 号

字说中国：汉字里的生活世界

陈文波 著

上海古籍出版社 出版发行

（上海市闵行区号景路 159 弄 1-5 号 A 座 5F 邮政编码 201101）

（1）网址：www.guji.com.cn

（2）E-mail：guji1@guji.com.cn

（3）易文网网址：www.ewen.co

上海丽佳制版印刷有限公司印刷

开本 700×1000 1/16 印张 24 插页 2 字数 298,000

2022 年 9 月第 1 版 2023 年 10 月第 3 次印刷

印数：10,601 - 15,900

ISBN 978 - 7 - 5732 - 0140 - 9

H•248 定价：78.00 元

如有质量问题，请与承印公司联系